Bahia
bem temperada

CULTURA GASTRONÔMICA
E RECEITAS TRADICIONAIS

Dados Internacionais de Catalogação na Publicação (CIP)
(Jeane Passos de Souza – CRB 8ª/6189)

Lody, Raul
    Bahia bem temperada : cultura gastronômica e receitas tra-
dicionais / Raul Lody; prefácio Tereza Paim. São Paulo : Editora
Senac São Paulo, 2013.

    Bibliografia.
    ISBN 978-65-5536-538-2 (Venda internacional)

    1. Gastronomia brasileira 2. Culinária brasileira 3. Culinária
baiana 4. Receitas I. Título.

13-114s   CDD-641.598142

Índice para catálogo sistemático:

1. Gastronomia brasileira : Culinária baiana   641.598142

Bahia bem temperada

CULTURA GASTRONÔMICA E RECEITAS TRADICIONAIS

RAUL LODY

Editora Senac São Paulo – São Paulo – 2013

Administração Regional do Senac no Estado de São Paulo

Presidente do Conselho Regional: Abram Szajman
Diretor do Departamento Regional: Luiz Francisco de A. Salgado
Superintendente Universitário e de Desenvolvimento: Luiz Carlos Dourado

Editora Senac São Paulo

Conselho Editorial: Luiz Francisco de A. Salgado
                 Luiz Carlos Dourado
                 Darcio Sayad Maia
                 Lucila Mara Sbrana Sciotti
                 Jeane Passos de Souza

Gerente/Publisher: Jeane Passos de Souza (jpassos@sp.senac.br)
Coordenação Editorial/Prospecção: Luís Américo Tousi Botelho (luis.tbotelho@sp.senac.br)
                 Dolores Crisci Manzano (dolores.cmanzano@sp.senac.br)
Administrativo: grupoedsadministativo@sp.senac.br
Comercial: comercial@editorasenacsp.com.br

Edição de Texto: Adalberto Luís de Oliveira
Preparação de Texto: Zareth Serviços
Apoio à Pesquisa: Jorge Sabino
Revisão de Texto: Luiza Elena Luchini (coord.), Globaltec Editora Ltda.
Fotos do Miolo e da Capa: Marisa Vianna
Projeto Gráfico, Capa e Editoração Eletrônica: Antonio Carlos De Angelis

Sumário

Nota do editor

Bahia plural. Esse é o mote compreendido a partir da leitura de *Bahia bem temperada: cultura gastronômica e receitas tradicionais*, de Raul Lody. Plural no encantamento e nas sensibilidades necessárias para se "comer a Bahia", se se quer compreendê-la por inteiro: pelo olhar, pelo olfato, pelo paladar; pelo som, pelas cores, pelas formas. Pelos espíritos vários, do catolicismo ao candomblé dos terreiros.

Segundo o autor, a cozinha baiana é feita não só dos frutos da terra, dos peixes ou dos temperos que dão características muito particulares a todos os alimentos. A cozinha tradicional da Bahia é também formada por uma gama variada de culturas assentadas na história de diferentes povos e seus sistemas alimentares, como a africana, a dos imigrantes europeus e orientais, a dos povos nativos e sua ancestralidade. Todos esses saberes foram se amalgamando e dando um sabor especial a essa cozinha feita, assim, também de memórias.

Fruto de pesquisa que alia gastronomia a uma visão etnográfica, este livro será de grande interesse aos profissionais e estudantes de gastronomia e turismo, a sociólogos, historiadores e certamente aos amantes da gastronomia. Lançamento do Senac São Paulo para todos os verdadeiros apreciadores da comida e da cultura.

Falar de Raul Lody é falar da história do Brasil. Antropólogo, museólogo e professor, Lody vem dedicando sua vida à pesquisa que une a cozinha tradicional da Bahia ao olhar antropológico, valorizando as expressões tradicionais representadas por uma vasta literatura na área das religiões afro-brasileiras, sobretudo da Bahia, onde tudo começou.

Bahia bem temperada é um romance culinário, criado para se entender melhor essa Bahia rica e miscigenada, seus rituais gastronômicos presentes nas casas de família, bares, restaurantes, feiras, botecos, terreiros de candomblé, barracas de praia e vendedores de rua.

Um livro para profissionais ou amantes da gastronomia entendida como a representação da cultura de um povo presente num prato de comida. Com muita propriedade, ele descreve como a comida é uma grande forma de comunicação entre os homens e seu Deus, entre os homens e seus antepassados, um elo indiscutível com a história e as tradições de um povo.

Aqui pensa-se o regional, como descreveu tão bem o historiador português José Mattoso: "A região ou o local é o lugar de nascimento ou da morte, o lugar de uma dada maneira de comer ou de beber, o lugar de uma dada forma de vestir, de falar, de cantar e de contar, de se divertir, de crer e de ser".

A comida é cada vez mais uma referência de lugar, de povo e de civilização, busca-se no território uma maneira de representar e identificar os encontros de cultura.

Esta obra oferece um resgate das receitas históricas de toda a Bahia, descritas como poemas, com compromisso apenas com sua representação cultural e com os ingredientes, sem vínculo necessário com as quantidades. Também traz o vocabulário da cozinha baiana (farinha do reino, azeite doce, etc.), quase um dialeto. No receituário da cozinha baiana, o cheiro é ponto de cozimento.

Aqui temos a certeza de que utensílios de diferentes materiais dão identidade à cozinha regional, influenciando no paladar e na apresentação. Outro fator relevante é a importância do gestual como assinatura do prato, pois procedimentos culinários definem a forma final do que se vai oferecer.

Para completar, Lody mostra a comida e sua inserção no candomblé, como oferenda para os orixás. As comidas de terreiro e sua nomenclatura particular. A comida como ato litúrgico!

Passeando por diferentes ingredientes de nossa cultura, ele posiciona nossos alimentos básicos: a farinha e o feijão na alimentação da Bahia e do Brasil. Mostra que farinha faz render: a mesma farinha que empapuça e sustenta o sertanejo na seca é a farinha que tem a leveza da areia da praia, que faz a paçoca, que se mostra nas farofas de manteiga e dendê.

Na Bahia, a comida é de sustança, é a terra onde o melhor elogio é repetir. Aqui temos comidas e bebidas de abrideira e de saideira, comida para paridas, comida para sexta-feira, comida para santo, etc. A comida está intimamente ligada ao modo de viver de um povo.

E, falando de origens, Lody ainda indica a procedência dos principais ingredientes da cozinha baiana e sua classificação ao chegar aqui. As coisas que vinham do Oriente, por exemplo, eram batizadas como "do reino", assim: batata do reino, queijo do reino, etc. Os ingredientes que vinham da África foram batizados como "da Costa". Há também os ditos "da terra" que são os autóctones.

O nosso dendê é o legitimador da cozinha afro-baiana e merece uma longa abordagem, como origem, uso ao longo da história, dados econômicos, sua inserção como marca do sagrado nos rituais do candomblé, descrição de como extrair a gordura do fruto e seu uso na comida de rua e de casa.

Por tudo isso, em nome da Bahia, nosso muito obrigado a esse carioca com alma de baiano, por dedicar sua vida a registrar nossa cultura.

TEREZA PAIM
Chef e pesquisadora da gastronomia baiana

Ba ni je enia Okô.[1]

[1] Expressão da tradição oral iorubá que significa "Se alguém trabalhar perto de Okô [orixá da agricultura], na roça, encontrará o que comer".
A grafia das palavras em língua iorubá segue os critérios da publicação *A Dictionary of the Yoruba Language* (Ibadan: Oxford University Press, 1977).

Com a Bahia na boca

Para se comer a Bahia, tem de se comê-la por inteiro. Comer as formas, os volumes, as cores; deixar o cheiro penetrar; sentir o buquê do dendê, do cravo e da canela. O sabor do camarão defumado. A variedade de farinhas de mandioca, suas texturas e sabores que vêm dos processos artesanais das "casas de farinha". São farinhas autorais, de aspectos e texturas peculiares, boas para se fazer farofa e pirão.

Ainda, o sabor dos feijões, dos peixes, dos mariscos. O sabor das muitas frutas orientais que ganharam a mesa da Bahia. Jaca, graviola, fruta-pão, manga. E frutas nativas, como o caju, a goiaba, o araçá, a pitanga, entre tantas. Tudo ainda pode estar misturado com açúcar, como nos doces em calda ou nos doces cristalizados. Nada melhor do que jenipapo cristalizado, o tão popular "rabo de macaco", ou o delicioso licor de jenipapo, tradicional nas festas dos santos de junho.

Experiência única é sentir, na boca, um acaçá de leite com os pedacinhos de coco, e aquele gosto suave que a folha de bananeira deixa no milho branco. Ou, ainda, o cheiro do cravo-da-índia, o doce suave.

Quando o acaçá é diluído na água, chama-se "afurá", tradicional refresco de matriz africana.

Para se comer a Bahia, deve-se beber o mingau de carimã, de tapioca, de milho, e o mungunzá, que podem ser perfumados com água de rosas e pulverizados com canela. Beber o mingau é um costume do início do dia e de estar diante dos panelões da banca, que oferecem a primeira comida, quente e saborosa.

Deixar, ainda, a boca inundada de dendê vem da arte e da invenção baiana de africanizar gostos e estilos de se fazer comida. Destaque para as moquecas servidas nas frigideiras de barro, nas quais peixes, camarões e temperos chegam fervendo, perfumando o ambiente. São cheiros sedutores de uma cozinha para ser percebida pelo olhar, pelo olfato, pelo tato e pelo paladar. E tudo fica melhor se acompanhado de farofa de "azeite", que para ficar mais molhadinha a ela se acrescenta mais dendê; ou, conforme o desejo, se inclui a pimenta para aguçar o que os sentidos podem perceber.

Tudo aquilo que a memória faz reconhecer como uma verdadeira Bahia que vem pela boca. Uma Bahia compreendida nos seus paladares. Uma Bahia compreendida na sua história de longos processos de povos e culturas que se misturam às sabedorias culinárias.

Tudo fica ainda mais gostoso se intercalado com goles da "branquinha", da "água que passarinho não bebe", da cana sacarina, para se fazer a grande celebração do Recôncavo.

A boa cachaça, ainda misturada com fruta, combinada com os caldos dos cozidos, das feijoadas e de tantos outros gostos temperados. São as abrideiras de refeições, são os goles de celebração; é a bebida que, juntamente com a farinha de mandioca e a rapadura, fortalece as relações comerciais com o continente africano.

Barroca, rica, generosa, saborosa e forte, no que revela de matriz africana, é a mesa baiana. Tem quiabo, amendoim, inhame, ataré, lelecum, bejerecum, obi, orobô, cuscuz, mungunzá, carimã, pititinga, maniçoba, cocada, "passarinha", acarajé, abará, manjar de coco, caldas açucaradas e tudo que a alma puder perceber do gosto que é gostoso.

São memórias que se enriquecem com as receitas dos conventos medievais de Portugal, também marcadas pela doçaria do Magrebe, de uma África mediterrânea; com os encontros dos sistemas alimentares dos povos nativos, dos muitos imigrantes da Europa, do Oriente, juntando receitas, processos culinários e sabores, muitos sabores.

Tantas, muitas. Antigas, novas. São as receitas da sempre Bahia. Ela é verdadeiramente interpretada se comida com desejo e reconhecendo os ingredientes, os temperos, os povos e as culturas. Os cardápios trazem uma relação de memória e de contemporaneidade. Somente assim deve-se sentir na boca essa Bahia plural.

Comer o acarajé só se for seduzido pelo cheiro do dendê fervente, querendo um fritinho na hora, quente, com molho nagô; e servido por uma baiana com torço, bata, fios de contas dos orixás, pano da costa; e, ao iniciar essa refeição iorubá, é preciso estar num final de tarde olhando para o mar. É assim, somente assim, que o sabor do acarajé vai existir na boca e tomar o corpo de emoção.

A etnogastronomia da Bahia

A linha feminina é carimá
Moqueca, petitinga, caruru
Mingau de puba, vinho de caju,
Pisado num pilão de piraiá.

Os caramurus, Gregório de Matos.

Cozinha plural, multiétnica e tradicional

**Na Bahia, a feijoada do dia a dia
é feita com feijão-mulatinho,
com carne verde ou fresca,
com carne-seca ou do sertão,
e toucinho. A feijoada bordada, do
domingo, é enriquecida com carnes
salgadas de diferentes partes do
porco. Tem ainda as outras carnes.
Tem que ser feita de véspera.
O molho de pimenta, cebola, hortelã
e limão é fundamental para apurar
o gosto desse prato, ideal para se
viver a comensalidade.**

A cozinha do Recôncavo, onde se encontra a cidade do São Salvador, é a mais divulgada, por causa dos "pratos de azeite", ou seja, aqueles que têm dendê nas suas receitas.

Contudo, há diversidade, há variedade e há uma amplitude de território e de cultura que dão à Bahia uma cozinha plural, multiétnica, tradicional, sempre criativa e principalmente saborosa.

**Tem dendê
Tem farinha
Tem carimã
Tem denguê**

"

As melhores receitas são aquelas experimentadas diante da panela, nas cozinhas, no imemorial contexto do ato civilizador de fazer comida.

Os sistemas alimentares são os melhores retratos da história de um povo, de uma família; de processos econômicos nos quais os ingredientes orientaram as maneiras de se alimentar e, principalmente, de se representar pelo alimento.

A comida é um permanente exercício de memória, de adaptação, de aproveitamento e de criação; e, ainda, há uma busca pela identidade do que se come e do lugar onde se come. A comida traz as mais notáveis referências de pertencimento de um indivíduo a uma sociedade, a um povo.

Inicialmente, quando se pensa e se fala de comida, de cozinha e, em especial, de gastronomia da Bahia, nasce uma emoção de matriz africana que também une as cozinhas ibéricas, notadamente a de Portugal. Portugal, globalizado pelas grandes navegações que trouxeram os sabores do Oriente para o reino e para o Brasil.

Aos ingredientes unem-se as técnicas, as sabedorias tradicionais dos povos nativos. São processos de preparar a comida com técnicas como a de "moquear", como a de embalar a comida em folhas, e que estão presentes nas milenares tradições dos povos americanos.

Muitas vezes, unem-se os conhecimentos culinários de matriz africana às técnicas nativas, como é o caso do tão apreciado abará. Massa semelhante à do acarajé, porém o abará é cozido envolto na folha de bananeira, o que revela costume indígena. Também a pamonha de milho e de carimã, o acaçá branco e vermelho, entre tantas outras comidas embaladas em folhas, mostram resultados culinários que identificam e singularizam a mesa da Bahia.

Entre os produtos da terra, nativos, está a mandioca. A farinha é uma das mais notáveis técnicas que reinventam sempre a mandioca.

A "farinha de guerra" ou farinha seca, tão apreciada no Recôncavo da Bahia por ser fina, "fininha como areia da praia", indica uma escolha culinária, uma qualidade que é valorizada nessa região. É a boa farinha para se fazer farofa, pirão, ou para cobrir um prato de feijão, um prato de quiabada.

A escolha das farinhas nas feiras e nos mercados se dá no momento da "prova", que é o momento da avaliação do gosto e da textura. Há técnica e estilo para se reconhecer a farinha. É tradicional jogar a farinha para o ar, um punhado, com habilidade, e, aí, comê-la.

As melhores farinhas são as artesanais, vindas das casas de farinha, onde são fabricados os vários outros produtos da mandioca. Massas para bolos, biscoitos, pamonha, entre outros usos culinários em receitas que dão valor gastronômico e patrimonial ao que se come na Bahia.

Tudo que se acompanha com farofa é bom. Há farofas que são feitas nos próprios pratos de refeição, nos quais se acrescenta farinha aos molhos ou a pedaços desfiados de carne, de peixe, com pimenta para complementar. A farofa de prato é melhor se feita "de mão".

Farinha seca é boa sobretudo para engrossar. Engrossar caldos de carne, de peixe com coco, com dendê, com camarões secos e defumados, entre outras maneiras de agregar ingredientes para dar volume e sabor às refeições.

Além da farinha, pensa-se muito no azeite de dendê e na palmeira africana que dá os frutos que são a base do azeite – "epô", para os Iorubá, e para os baianos apenas "azeite". Nasce então uma categoria de comida dita "de azeite", como vatapá, caruru, efó, entre tantas outras.

Comidas que estão nos cardápios dos candomblés. Comidas que circulam nas cozinhas dos terreiros e nas casas. São receitas que afirmam identidades. Exemplo é o cardápio da Semana Santa na Bahia, quando se come um banquete de comidas de azeite. Ainda feito no dendê é o acarajé, assim como as moquecas e os demais pratos que trazem um ideário do que é "típico" e que toma forma nas construções de uma região de forte base africana.

Unem-se à comida outros valores e manifestações populares, como o samba de roda, a capoeira, o candomblé; o próprio traje, a roupa-símbolo da baiana, e tudo mais que os imaginários possam recuperar ou situar como "tropical".

Assim, nesses contextos globalizados, a comida é cada vez mais uma referência de lugar, de povo, de civilização. E busca-se no território uma maneira de representar e identificar os encontros da cultura.

Outro importante fator de valorização da comida se dá em contextos patrimoniais, nos quais se atribui valor às características especiais, aos lugares e principalmente aos ofícios tradicionais de se fazer comida.

O ofício de Baiana de Acarajé recebeu o título de "Patrimônio Nacional" pela sua importância histórica, social, étnica para o Brasil. O registro patrimonial ocorreu por meio do Instituto do Patrimônio Histórico e Artístico Nacional (Iphan), no cumprimento de uma política pública no âmbito do Patrimônio Imaterial.

Outro exemplo desse valor é o reconhecimento patrimonial do "queijo da serra da Canastra" e do "queijo do serro", em Minas Gerais. Tudo isso fortalece as ações de patrimonialização.

Outros sistemas alimentares, como o do México, foram reconhecidos pela Unesco como Patrimônio da Humanidade. O mesmo reconhecimento tem a cozinha mediterrânea, que reúne Marrocos, Espanha, Itália, França e Grécia.

Sem dúvida, a comida é essencialmente identitária. É emblema de regiões, de comunidades, de segmentos étnicos, e conquista um reconhecimento que vai além do sentido gastronômico.

No caso da comida da Bahia, ela é ampla e rica na sua diversidade, e resulta numa variedade de sistemas alimentares, como o do Recôncavo e o do Sertão.

As características ambientais e étnicas fazem da comida do sertão um exemplo marcante da presença das carnes do gado bovino e caprino. Como por exemplo, o prato chamado "curu", que integra as mais tradicionais memórias da comida da Bahia. É preparado com a carne do sertão em pequenos pedaços, que é escaldada em água com limão. Depois, escorre-se a carne e se acrescentam sal, cebola, alho, coentro e leite de coco. Cozinha-se até amolecer bem a carne. Na sequência, coloca-se toucinho numa frigideira e joga-se um ovo batido. Quando o ovo estiver quase frigido, mistura-se a carne, mexendo, e então se retira do fogo. Geralmente é acompanhado com farofa de torresmo.

O sentido histórico e econômico da carne nas cozinhas do Nordeste, e em âmbito nacional, associa-se diretamente aos papéis sociais dos homens. São formas de trazer antigas memórias do caçador-provedor.

No universo da carne animal, sacralizada na carne de gado bovino, está o vaqueiro, personagem ancestral que traz os imaginários do Sertão e do alimento primordial que é a carne.

Carne vermelha, inscrita simbolicamente no gênero masculino. Carne das receitas e dos cardápios da região, que mostram o valor dado a esse alimento, que representa também o poder econômico.

Na mesa baiana, destaque para os pratos à base de carne, especialmente no Sertão, com as carnes salgadas e preparadas ao sol; aliás, como também acontece com os peixes. Carnes de boi, de cabrito, de porco, todas são postas a secar ao sol, e seguem técnicas que garantem um sabor especial e o seu amplo uso culinário.

As receitas com carne do sertão, ou charque, são muito rápidas e têm sustança. São comidas fortes que bem alimentam. Escalda-se um pedaço de carne gorda do sertão e joga-se na brasa. Quando fizer labareda, retira-se e lava-se em água fria para cortar o sal. Depois é assada, faz-se um pirão com molho de pimenta, cebola e limão. Outra maneira tradicional de se fazer carne do sertão é aferventá-la e depois fritá-la na própria gordura.

Receita muito apreciada, feita com a chamada "carne verde", ou carne fresca de gado bovino, é a mal-assada. É carne que permaneceu em vinha-d'alho, e temperada com cebola, tomate, coentro e pimenta-do-reino. Cozinha-se a carne na grelha e, depois que estiver mais ou menos assada, é colocada num prato no qual se despeja o tempero por cima. Acompanha arroz, pirão, ou mesmo salada crua, predominando a cebola e o tomate.

Nesse receituário baiano, rico e amplo, vê-se outra maneira de preparar carne com a chamada carne de boi "curada" no leite de mamão verde. Prepara-se a carne como se fosse para bife e depois se passa o leite de mamão verde por toda ela. Lava-se e tempera-se. Pode ser cozida, frita ou assada.

Outro rico exemplo é o badofe, ensopado de fígado, coração e bofe de boi. Tudo é aferventado e cortado miudinho. Cozinha-se com pouca água, no fogo baixo. Acrescenta-se sal, alho, cebola, coentro, salsa, hortelã, louro, pimenta-do-reino, cominho, vinagre, linguiça e toucinho. O caldo fica escuro e grosso. Serve-se com angu de farinha ou com farofa do próprio caldo. Se tiver pimenta, é melhor ainda.

São processos culinários de aproveitamento dos chamados "miúdos" de boi, de porco, de galinha, em receitas conhecidas como "sarapatel". Ainda há o acréscimo do sangue. É tradição acrescentar ao sarapatel o limão e a farinha de mandioca, complemento indispensável a esse prato.

Os cozidos de tudo que se possa aproveitar temperam e dão aquele sentimento culinário das comidas ditas "de sustança". Comidas para se comer lentamente. Pois tudo pode compor um bom cozido: legumes, carnes frescas, carnes secas, embutidos, frutas como a banana, e com o caldo substancial se prepara o pirão.

Além das famosas farofas com dendê e camarão defumado, para acompanhar o feijão de azeite, o caruru, o bobó, o efó, as moquecas e tantas outras comidas também marcadas como "de azeite", estão as farofas misturadas com diferentes carnes. Ou então a tão tradicional farofa d'água, feita com farinha seca, água aquecida e sal, e complementada com salsa ou coentro. Também há a tão apreciada farofa de manteiga.

De mandioca há muitos outros pratos, como o beiju de coco, feito a partir da massa de tapioca. Enxuga-se a massa de tapioca e se acrescenta o leite de coco sem água, mistura-se, faz-se o beiju e leva-se ao forno para assar.

O beiju de tapioca, ou massa temperada com sal, é enrolado na folha e assado dos dois lados. Molha-se no leite de coco, podendo-se acrescentar açúcar.

O beiju de folha é a tapioca, ou massa misturada com bagaço de coco e o leite sem a água, e embalada na folha da bananeira. O beiju de folha começa com a preparação da folha de bananeira no fogo – como se diz, "assar a folha" – para conseguir a flexibilidade desejada. Essa técnica é comum no preparo do acaçá, do abará, entre outros.

O beiju difundiu-se como comida de rua, juntamente com o mingau, o acarajé e outras comidas que estão no hábito e na apreciação dos baianos e daqueles que adotaram a rica e ampla cozinha baiana.

Contudo, a mais abrangente e diversa em tipos e usos é a farinha de mandioca. Outro uso regional da farinha está na sua mistura com rapadura, numa receita chamada "jacuba".

Outra farinha é a do "reino", ou farinha de trigo, clássica na doçaria, na confeitaria e na padaria, juntamente com a farinha de milho.

A farinha de milho é utilizada para fazer o angu de milho, um acompanhamento para peixe ou carne. Trata-se do angu feito de água e sal. Faz-se também o angu com caldos e com manteiga. Leva-se ao fogo para cozinhar, mexendo sempre até ficar na consistência desejada, dura ou mole, podendo-se acrescentar outros temperos.

Ainda nessa categoria de comida mole, está o aproveitamento do pão com o celebrado vatapá.

Nas cozinhas tradicionais há sempre a cultura do aproveitamento, das adaptações das receitas, fazendo com que a gastronomia seja essencialmente dinâmica, e também memorial.

O vatapá é um caso significativo para exemplificar os encontros de cozinhas. Certamente ele nasce da interpretação da açorda portuguesa, com o acréscimo do dendê, da castanha de caju e do amendoim; e tem estilos: vatapá de porco, de peixe, de bacalhau.

O vatapá e o acarajé identificam as panelas baianas, assim como o churrasco e a cuca identificam o Rio Grande do Sul, e o tucupi, a Amazônia. Nesse caldo de comidas-emblema, o bobó é outro caso de baianidade à mesa, e nasce do prato ritual chamado "ipeté", dedicado a Oxum.

Comida ritual do candomblé, o ipeté é feito à base de inhame, que é africano e está presente em muitas receitas sagradas dos terreiros.

O inhame representa os orixás *fun fun* – brancos –, relacionados à criação do mundo e do homem. É um tubérculo que simboliza a fertilidade. É tradicional na agricultura da costa ocidental africana, sendo também chamado, no Nordeste, de "inhame-da-costa".

A culinária que utiliza o inhame amplia-se para outros pratos. É também consumido apenas cozido, podendo ser acompanhado de manteiga, mel de engenho ou melado. O inhame relaciona-se às comidas da manhã, juntamente com o aipim cozido, os mingaus, o cuscuz de milho e outras delícias do bem comer baiano.

Faz-se também bobó com inhame. Nesse caso, o inhame deve estar bem cozido e muito macio. Prepara-se um molho com azeite de dendê, camarão seco, cebola, sal, gengibre e pimenta seca. Quando estiver fervendo, mistura-se o inhame bem amassado.

O bobó pode ser feito também de fruta-pão e de aipim. Inicialmente, era um acompanhamento para pratos de carne ou de peixe; contudo, se consagrou como prato único, passando a ser complementado com arroz e farofa de dendê, como é chamada genericamente a farofa na Bahia.

Nas receitas da cozinha dos candomblés, o ipeté destaca-se pelo uso dos camarões defumados, que, aliás, são usuais em muitos outros pratos rituais, como o omolocum, feito com feijão-fradinho temperado, camarões, dendê, cebola e ovos; o caruru, ou o milho de Iemanjá, também chamado "abadô", feito à base de milho branco cozido, temperos, camarão, dendê e cebola.

O uso do camarão seco e defumado e do camarão fresco como complementos culinários das receitas na Bahia certamente identifica os cardápios do Recôncavo, pois o seu emprego é bem amplo nas receitas dessas regiões.

O camarão está presente em outro tradicional prato da cozinha baiana, que necessita ser recuperado: o jacicou, ou jaticom. Feito à base de camarões frescos e temperos como coentro, tomate, pimentão, sal, cebola e azeite de oliva. Tudo é muito cozido e se transforma em um tipo de massa que é misturada ao arroz branco e à farinha, formando uma massa com a qual se fazem os bolinhos que serão fritos no azeite de dendê. São muitas as boas comidas que se apresentam como prato único.

Outros exemplos de prato único: a umbuzada, feita de umbus maduros, passados na peneira para retirar a polpa, que é misturada ao leite de vaca e temperada com açúcar; a maxixada, que tem como base da sua receita o maxixe cortado em rodelas e a carne de boi, temperados como ensopado, utilizando-se o azeite doce, que é o azeite de oliva. Muitos ainda acrescentam leite de coco grosso, aquele sem o acréscimo de água.

Destaque para as comidas feitas em casa, aquelas que trazem ao cotidiano as melhores referências da boa mesa baiana. Essas receitas valorizam as comidas conhecidas como "frescas" – o chamado "almoço fresco" – ou então as comidas aproveitadas, recriadas com o que sobrou do dia anterior; é o caso da roupa-velha e do te-conheço.

O almoço fresco é um cozido de carnes e legumes, lembrando o complexo e barroco cozido dos fins de semana, em que imperam os pirões.

Já a roupa-velha é geralmente o aproveitamento da carne do assado que é desfiada e refogada, acrescentando-se o que tiver: camarão defumado, camarão seco, dendê ou azeite doce, ovos, cebola e tudo mais que as ofertas da cozinha possam trazer de ingredientes.

Com certo humor e outra apresentação, o chamado "te-conheço" – quer dizer, "já te vi na mesa" – volta à refeição como um novo prato. Geralmente o te-conheço é o reaproveitamento do lombo de porco.

Nesses cenários ricos de receitas e rituais culinários, umas são mais adaptadas e outras liturgicamente elaboradas, como o efó, o acaçá, o abará, ou mesmo o tão celebrado acarajé, pois cada receita implica procedimentos culinários e formas também pessoais de realizá-la, que buscam sempre garantir a assinatura do paladar.

Além dos conhecimentos das receitas e das técnicas culinárias, os utensílios de diferentes materiais integram o imaginário das comidas e lhes dão identidade.

Para atender aos modos de se fazer e se servir comida, há os objetos feitos de barro. E a cerâmica baiana é ampla e voltada para os objetos utilitários, especialmente nas cozinhas e nos serviços de mesa.

Destaque para a louça de Maragogipinho, importante centro produtor oleiro do Recôncavo Baiano. São utensílios que servem para guardar e servir água; potes organizados em um móvel de madeira chamado de "banca de potes", que geralmente é colocado nas cozinhas. Também para guardar água, há os quartinhões, normalmente protegidos com panos brancos, para manter a higiene.

A louça tradicional, da cor do barro, é a louça conhecida como "cabocla", aquela que recebe o verniz, que é vidrada. Essas peças se apresentam sem decoração ou detalhes de elementos em baixo-relevo ou pintura.

Tradicionalmente, usa-se o pigmento natural chamado "tauá" para pintar flores e outros elementos visuais. E já se vê a utilização de corantes industrializados. Assim são pintados jarros, quartas, quartinhões, porrões, quartinhas, panelas, pratos, travessas, copos, entre outros utensílios.

As miniaturas de barro, além de brinquedos, são geralmente usadas para conter molhos frescos como os de pimenta; destaque para o utensílio chamado "najé" – tipo de tigela – e, ainda, para o caboré, tipo de jarro de barro ou de louça vidrada que serve para coar café.

Há também as panelas de barro de diferentes formas e capacidades de conter comida. Algumas são capazes de cozinhar peru, porco e galinha, inteiros. Há uma busca pela boa panela, em especial, para o preparo do feijão.

Essa valorização culinária do feijão feito em panela de barro se dá porque, segundo se diz, cozido desse modo ele adquire tempero e sabor especial. Esse sabor resulta do longo cozimento dessa leguminosa, das carnes e de outros temperos que ficam em contato com o barro. Certamente, há uma diferença no sabor.

Para se fazer doce, a panela ideal é a vidrada, que garante a elaboração das caldas açucaradas e demais técnicas culinárias de açucarar.

A louça baiana também se integra à compreensão da comida. Ambas atribuem qualidade e estética desejadas a cada prato. Moquecas de peixe, de carne, de folha, de siri-mole, de siri, de maturi, de camarão, de aipim, entre outras, devem ser comidas quentes. Diga-se muito quentes. Por isso são servidas em recipientes de barro, em geral frigideiras especialmente produzidas para essa função culinária. Elas vão direto à mesa e garantem a manutenção da temperatura do prato.

Novamente as farofas, essas criações do bem comer da Bahia, também são servidas em louça vidrada.

Sem dúvida, os utensílios de barro formam, juntamente com a comida, um importante resultado estético que valoriza a compreensão da culinária.

Todos os processos da história, da sabedoria acumulada no ofício da cozinha, no tabuleiro das ruas, das feiras, dos mercados, e da sabedoria dos terreiros de candomblé, nos quais a comida desempenha um sentido social, econômico, religioso e identitário, são verdadeiramente simbolizados com os utensílios que dão identidade a cada prato.

O caruru comido no candomblé, em casa ou no restaurante têm em comum o quiabo, o dendê e outros muitos ingredientes. Contudo, os rituais de comensalidade vão traduzir identidades, sabores e significados religiosos nos locais onde são servidos.

O caruru, para manter a tradição ritual-religiosa, tem de ser servido em gamela redonda de madeira; assim as crianças, que representam Cosme e Damião, poderão comer "de mão" ao seu redor.

A comida, sem dúvida, é uma das mais notáveis formas de comunicação entre o homem e seu deus, entre o homem e seu antepassado, como acontece na cozinha sagrada do candomblé.

O celebrado acarajé que está nas ruas e que integra o famoso "tabuleiro da baiana" também está no candomblé como comida do orixá Iansã; é uma das mais emblemáticas comidas da Bahia e do Brasil.

Refere-se ao "acará" – "bolo de fogo" em Iorubá –, que assume diferentes formatos e intenções rituais nos terreiros. É uma comida quente, frita no azeite de dendê, e marca também os orixás quentes, como Iansã e Xangô; mas é também comida de outros orixás.

Há muita relação dos cardápios tradicionais das casas, das feiras, dos mercados e de alguns restaurantes com os cardápios dos terreiros de candomblé. Isso dá sabor, identidade, celebra o dendê e aproxima os espaços sagrados presentes nas cozinhas dos candomblés da mesa do cotidiano e da mesa das festas dos baianos.

No candomblé de matriz afro-baiana, a comida é a melhor linguagem para se fazer a intermediação entre o homem e o orixá.

Inúmeras receitas e processos culinários atingem alta complexidade na vida religiosa dos terreiros porque traduzem os itãs – histórias mitológicas, épicas e sociais. As comidas funcionam para manter o equilíbrio hierárquico, ético e moral no candomblé.

Mas as comidas são principalmente para serem interpretadas nos muitos rituais, pois sempre a comida estará integrada à vida religiosa.

Come-se com fartura nos terreiros de candomblé. A comunidade do terreiro come, os visitantes comem. A comida estabelece relações e aproxima as pessoas.

Comer não é apenas matar a fome. Nas liturgias do candomblé, comer é principalmente comunicar, pois tudo é marcado por um tipo de comida ou por muitas comidas. Tudo come e tudo se come no candomblé.

Oferecer comida no santuário, ou peji. Oferecer comida a uma árvore sagrada. Oferecer presentes às águas do mar, dos rios. São maneiras de estabelecer falas simbólicas que são fundamentais à compreensão dessa comida que tudo alimenta. No candomblé, os espaços comem, os instrumentos musicais comem, o corpo come, a boca come; e cada cardápio tem uma função, um significado especial e litúrgico que fortalece as identidades do terreiro.

A culinária praticada nas festas públicas do candomblé é um ato socializador, no qual a comida é oferecida ao público visitante da festa. É um momento aguardado por todos da comunidade. Essa comida é, para muitos, a principal refeição do dia; para outros, o momento de experimentar novos ingredientes.

Nesses cardápios, destacam-se as comidas de azeite de dendê, que são protocolarmente consumidas com as mãos – como se diz, "comer de mão". Esses banquetes são rituais coletivos chamados "ajeum".

A comida é uma partilha de história. Ela revela as características míticas do orixá; é uma extensão do próprio orixá.

Ainda, no ajeum, há as comidas que não usam azeite de dendê e estão nesse cardápio votivo e integrado ao sentimento do axé que são chamadas "comidas de branco". Exemplo é a feijoada, com feijão preto e todos os seus complementos de carnes salgadas e embutidos, acompanhada de arroz branco e farofa com variados ingredientes. Também a maionese com salada de batatas, que é um dos pratos mais destacados, bem como a carne bovina assada, entre outras receitas.

Certamente, come-se muito e bem no candomblé. Instituição que vive e transmite patrimônios existenciais na comida de axé e na comida de branco. O sentimento da fartura é o que determina se a festa foi boa, por sua abundância de comida.

Comida e festa são sentimentos comuns, maneiras de marcar a devoção e outros rituais sociais. Esses sentimentos estão na escolha dos ingredientes, na realização dos pratos e nos rituais de servir.

Nas cozinhas das casas, certos pratos identificam festas de sentimento afrodescendente, como o tão conhecido escaldado de peru ou o escaldado de carne do sertão.

Para o escaldado de peru, a ave é cortada em grandes pedaços e se adiciona um pedaço de linguiça, toucinho, carne do sertão e carne de porco. Acrescenta-se repolho, aipim, batata-doce, inhame, batata-inglesa, couve, quiabo, jiló, maxixe, abóbora e, ainda, berinjela. Os legumes, depois de cozidos, são tirados e postos para escorrer numa urupema. Serve-se o escaldado com pirão feito do caldo de legumes, molho de pimenta, limão, cebola e hortelã.

O escaldado de carne do sertão, tido como o mais famoso da Bahia, popularmente chamado "sobe e desce", é feito com carne do sertão gorda, quiabo, abóbora e jiló, além de toucinho. Tempera-se com coentro, hortelã, cebola, alho, cominho, pimenta-do-reino, vinagre e pimentão. Cozinham-se as verduras com os temperos e, assim que o quiabo amolecer, joga-se dentro a carne, que só deve ferver uma vez. Faz-se um pirão do caldo e acompanha molho fresco de limão.

Desse cenário do bem comer na Bahia, trago uma experiência gastronômica do Recôncavo, que tive na cidade da Cachoeira, com a tão saborosa moqueca de pititinga. Peixe miudinho, de rio, com o qual se faz também a chamada "moqueca de folha".

A pititinga em moqueca nadando no dendê, fervente como qualquer outra moqueca, traz algumas dezenas desse peixe, e é complementada com farofa de dendê, ou então com purê de aipim e arroz branco. Deve-se comê-la olhando para o rio Paraguaçu e lembrar-se dos muitos terreiros da região, e certamente das suas comidas.

Outro exemplo de peixinho de rio muito saboroso é o massambê. É encontrado no espeto e servido para acompanhar bebidas. A técnica culinária é embeber o espeto no molho de vinagre e voltar a assar; come-se com farofa de dendê.

E do mar, as tão conhecidas "lambretas", mariscos, que são preparados com molho fresco de coentro, tomate, azeite doce, limão, cebola e sal a gosto. Boas de comer de mão. Comem-se nos balcões dos mercados; comem-se às dezenas, geralmente oferecidas em najés de barro.

Para marcar as boas memórias, aquelas que ficam na boca, no paladar, lembro-me novamente da pititinga – manjuba ou manjubinha – à beira do rio Paraguaçu, servida no prato de barro, soltando labaredas e odores que perfumam o entorno e fazem insalivar. Busco a pimenta para dar prazer, o maior prazer possível. O pirão branco é a cama na qual as colheres laranja douradas do dendê irão ficar, e os peixinhos, muitos e inteiros, trazem as memórias de pescadores, de outros peixes de rio e mar, dos reinos das águas de Iemanjá, do reino de Aioká.

A MELHOR CELEBRAÇÃO
DA FARINHA DE MANDIOCA

Farinha da terra, farinha cessada, farinha seca, farinha de guerra, são algumas maneiras de se chamar a tão celebrada e gostosa farinha de mandioca. As baianas do Recôncavo celebram a farinha de mandioca bem fininha, que lembra areia da praia. Essa é a melhor para tudo, principalmente para se fazer farofa.

A primeira classificação taxonômica da mandioca ocorreu possivelmente em 1691, a partir da *Historia plantarum universalis*, do médico e botânico suíço Johann Bauhin (1541-1612). Após estudar o material colhido no século XVI por André Thevet (1516-1590) no Brasil, Johann Bauhin atribuiu, em homenagem ao autor francês, o nome *Manihot theveti* à euforbiácea.

A família da mandioca reúne 313 gêneros e aproximadamente 7.200 espécies. De acordo com a moderna taxonomia, a mandioca situa-se, na classificação científica, na divisão *Spermatophyta*; classe *Magnoliatae*; ordem *Euphorbiales*; família *Euphorbiaceae*; gênero *Manihot*; espécie *Manihot esculenta Crantz*. Popularmente, também é chamada de "aipim" e "macaxeira".

Depois de colhidas, as raízes são descascadas e lavadas em água limpa. A partir daí, será processada a massa. As raízes limpas vão para um utensílio chamado pelos nativos de *meekaba*, que para o colono europeu é o cocho escavado na madeira. Raladas por diferentes processos, as raízes seguem para um tipo de prensa, no caso, o tipiti – saco alongado, feito de fibras vegetais trançadas artesanalmente. Assim, a manipueira – a água da mandioca – é retirada. Na sequência, a massa é peneirada e depois será assada em forno especial.

Esses trabalhos artesanais em geral acontecem em ambiente especialmente preparado, chamado "casa de farinha". Essas casas são também conhecidas como "quitungu" ("casebre", em quimbundo), engenhos ou retiros, onde se vivenciam os processos da farinhada, rituais coletivos de se fazer farinha. Trabalho que reúne homens e mulheres.

Todo o processo de se fazer farinha culmina com a torrefação. Ela é organizada em etapas de mexer e assar a farinha com ritmos e gestos particulares, no desempenho de técnicas que se unem às especificidades do tipo de mandioca. Dessa união, tem-se a verdadeira assinatura de se fazer farinha, que é reconhecida pela forma, cor e sabor. Há, assim, um sentido autoral dessas técnicas tradicionais; são as técnicas que marcam o mundo masculino nesse ofício de valor patrimonial.

As farinhas, após a torrefação, já podem ser misturadas com coco, pimenta, entre outros ingredientes; assim temperadas, adquirem cores e gostos especiais.

Se há uma comida nacional que é um verdadeiro mata-fome é a farinha de mandioca. Ela é misturada com tudo, inclusive com água, como opção possível para embuchar, dar a sensação de saciedade.

Uma das melhores invenções culinárias para se usar farinha de mandioca é a farofa, uma solução nacional, um excelente recurso para compor diferentes cardápios e organizar pratos do cotidiano e do tempo das festas.

As farinhas geralmente secas são a base para os demais ingredientes, que darão os sabores desejados para acompanhar carnes, peixes, legumes e tantos outros resultados de se misturar e criar comida.

A farofa como processo culinário é também uma invenção da nossa cozinha brasileira que possibilita diferentes combinações de ingredientes sempre a partir da base, que é a farinha de mandioca seca. Ela poderá ser fina, granulada ou mesmo já acrescida de sabores. Contudo, o ideal é a farinha tradicional, insossa, com o gosto autoral do processo de assar, ora em forno artesanal, ora em processo já industrial.

Certamente, a farofa poderá ser o prato principal, de acordo com as muitas receitas. A farofa é um acompanhamento clássico para outros pratos e mesmo para compor com bebidas.

Inesquecíveis são as farofas do Recôncavo, com camarões defumados e o generoso dendê de flor, o melhor, o mais saboroso...

Algumas receitas tradicionais da Bahia exemplificam os "estilos" de se fazer farofa. São indicações etnográficas que relatam diferentes processos culinários.

Farofa de linguiça Linguiça escaldada, cortada em rodelas, com cebola ralada, cominho, toucinho ou torresmo. Cozinha-se e frita-se. Então se coloca farinha de mandioca, mexendo sempre até a farinha escurecer e, assim, ficar pronta a farofa.

Farofa de manteiga Derrete-se a manteiga e aí se junta a farinha de mandioca, mexendo sempre e deixando escurecer. Essa farofa é empregada como recheio para aves assadas inteiras. São os tão tradicionais "adubos", enriquecimentos culinários. Também é um bom acompanhamento para diferentes pratos à base de carne bovina.

Farofa do próprio caldo Do caldo do ensopado ou do cozido se faz a base dessa farofa. É uma farofa feita no prato, na mesa, e a qual se pode acrescentar pimenta crua ou molho de pimenta. Tudo é misturado para consumo individual daquele que realiza a farofa.

Farofa de torresmo Derrete-se o toucinho fresco até se transformar em torresmo. Adiciona-se a farinha de mandioca. Mexe-se bem. É uma farofa que acompanha o café, numa refeição do tipo merenda, ou mesmo pelo período da manhã, para dar sustança, para bem alimentar.

Farofa de toucinho O toucinho cozido é amassado na farinha de mandioca, resultando numa farofa especial para acompanhar lombo, bife, mal-assada, entre outros pratos à base de carne.

Farofa de toucinho com abóbora O toucinho e a abóbora cozidos são amassados e a seguir misturados à farinha de mandioca. É um bom acompanhamento para carnes. Certamente, a pimenta é um bom complemento para destacar os sabores.

Farofa de água quente Põe-se a farinha de mandioca num prato fundo e despeja-se água quente com sal, mexendo sempre com um talher, até a massa ficar leve e bem solta. É acompanhamento para diferentes pratos da mesa baiana.

Farofa de feijão Cozinha-se o feijão em água e sal, tendo o cuidado de não mexer para não arrebentar os caroços. Escorre-se na peneira. Numa frigideira, põe-se toucinho para derreter e fritar as rodelas de cebola. Quando a cebola estiver tostando, joga-se a farinha para torrar e, por último, o feijão. Come-se com café. É uma refeição matinal de sustança.

Farofa carioca Torra-se a farinha na manteiga até ficar moreninha. Arruma-se no prato, com rodelas de ovos cozidos, azeitonas, linguiça frita picada e fatias de lombo frito. É uma verdadeira refeição, na qual a farofa se torna o prato principal.

Farofa de sabiá Farofa feita com leite de vaca, cebola, pimentão, carne-seca, pimenta-malagueta, farinha de mandioca e sal a gosto.

Farofa de azeite de dendê Um dos pratos mais identitários da cozinha baiana. Também chamada "farofa de azeite", "farofa amarela", "farofa de dendê", "farofa vermelha" e até mesmo "farofa baiana". Tudo começa quando o azeite é colocado em um utensílio no fogo brando e lentamente se acrescenta a farinha de mandioca bem selecionada e o sal. Também se pode enriquecer essa farofa com camarão seco e defumado. A farofa de dendê poderá ser mais molhada, úmida, e para isso aumenta-se a quantidade de azeite.
Essa farofa é um acompanhamento extensivo a muitos pratos da cozinha baiana. A farofa de dendê também evoca um sentimento ancestral africano com a cerimônia religiosa do padê nos terreiros de candomblé, quando o orixá Exu é homenageado. Assim, a farofa ganha um significado ritual-religioso.

FARINHA PARA TODOS

Com seu amplíssimo uso, a farinha de mandioca – ou farinha seca, farinha de guerra, farinha de pau – é ingrediente e complemento indispensável para feijões, carne-seca e carne fresca, peixes, legumes, e tudo mais que ficará com melhor textura e volume quando misturado com esse rico ingrediente nacional, e profundamente baiano, que é a mandioca.

Por exemplo, a paçoca, que é uma comida feita à base de farinha de mandioca e carne-seca, cebola e óleo. O charque é frito no óleo com a cebola e depois se mistura bem com a farinha, preferencialmente num pilão, para assim adquirir a textura desejada, que dá identidade ao prato.

É bom comer paçoca com banana-prata *in natura*, acompanhada de rapadura ou ainda combinando com o feijão de tropeiro.

Sem dúvida, muitos cardápios da mesa tradicional baiana nascem da mandioca e, especialmente, dos muitos usos e interpretações culinárias, como é o caso dos saborosos pirões feitos com os caldos de cozidos, de carnes, de molhos, e que geralmente trazem pimentas frescas e secas. Pirões moles, pirões encorpados com pedaços de peixe, entre tantos outros.

Comer pura, aos punhados, reconhecer o sabor e identificar a procedência e a qualidade da farinha de mandioca.

Certamente, tudo com farinha é bom, muito bom!

Comidas de feijão

Feijão cozido em água e sal
Feijão refogado com alho e cebola
Feijão misturado com
farinha de guerra
Feijão, arroz, carne e farinha
Feijão com leite de coco,
Feijão com dendê, camarões,
cebola, pimenta
Feijão e toucinho amassadinho de
garfo no prato com farinha
de mandioca...
Feijão de tudo que é jeito,
forma e sabor
Certamente, uma das mais
nacionais das comidas nacionais.

Os feijoeiros estão presentes nos mais diferentes continentes. São dezenas de espécies conhecidas de feijões em número e variedade. São centenas ou milhares. Ainda os tantos nomes vulgares que são alusivos aos lugares, aos povos e às culturas.

Domina em quantidade e em variedade o gênero *Phaseolus*: *Phaseolus acotipolius* Jac., da Índia, Birmânia e Paquistão; *Phaseolus angularis* Willd., do Japão e da China, chamado popularmente no Brasil de "feijão-adzuki". No continente africano, por exemplo, o feijão-mungo, de Angola, é da espécie *Phaseolus aureus* Roxb.

De Cabo Verde, ainda no continente africano, vem um feijão do gênero *Cajanus*: *Cajanus cajan*, lá conhecido como andu, e, no Brasil, como "andu", "guandu" ou feijão-guando. Com essa leguminosa se prepara a anduzada, adicionando-se carnes frescas e salgadas, como se faz com a feijoada. Também é preparado com azeite de dendê e camarões defumados, quando é chamado de "andu de Angola".

O nosso feijão-frade, ou feijão-fradinho, base de vários pratos da mesa baiana, veio até nós da África central, é e da espécie *Vigna sinensis*.

O feijão-fradinho é o tão apreciado feijão-macáçar ou macaça, chamado em Angola de "feijão-macúndi" ou "maconde". Ainda, no Nordeste do Brasil, é o conhecido "feijão-de-corda".

FEIJÃO, PRATO DO DIA A DIA

O feijão é um ingrediente marcante de muitos dos pratos que fazem parte dos nossos hábitos alimentares. Segundo a sabedoria tradicional, comer feijão é o mesmo que estar bem alimentado.

Feijoada com feijão-mulatinho Além do feijão--mulatinho, é feita com carne verde de boi, carne do sertão, toucinho e linguiça. Tempera-se com coentro, hortelã, louro, cebola, alho, pimenta-do-reino, cominho, tomate, pimentão e vinagre. Come-se com farinha de mandioca e molho feito de pimenta, limão e sal.

Feijoada bordada Feita de feijão-mulatinho, carne verde de boi, carne do sertão, carne de porco, linguiça, pé e miúdos de porco salgados, e toucinho. Come-se com farinha de mandioca e molho de limão.

Feijão-branco e dobradinha Cozinha-se a dobradinha – tripa grossa de porco – e o feijão-branco com hortelã, cominho, cebola, pimenta-do-reino e sal a gosto. Come-se com farinha de mandioca e molho de limão. Também é muito gostoso adicionar o limão sobre o prato.

Feijão com carne de porco Cozinha-se a carne de porco, temperada como para a feijoada, que nesse caso é feita de feijão-branco. Come-se com farinha de mandioca e molho de limão.

Feijão de arroz Aferventa-se o feijão-macaça; põe-se o arroz para cozinhar com torresmo, cebola, alho, coentro, hortelã, louro, cominho, pimentão, tomate e vinagre. Quando o arroz estiver mole, junta-se o feijão amassado. É um prato similar ao tradicional baião de dois do Ceará, com a diferença de que esse último é acrescido de queijo de coalho.

Feijão de azeite Feito de feijão-mulatinho ou fradinho, cozido em água e sal. Tempera-se com azeite de dendê, sal, camarão seco, cebola e alho. Pode ser comido puro, com farinha ou acompanhado de xinxim de galinha, de peixe, entre outros pratos.
Uma variação do feijão de azeite é aquele feito com azeite de oliva, o tão popular azeite doce. Aferventa-se o feijão-fradinho e tempera-se como o anterior. Come-se puro, com farofa, carne, peixe, entre outros acompanhamentos. Quando o feijão é feito com dendê, assemelha-se ao prato do candomblé chamado "omolocum", ou "omoloco", que é do orixá Oxum. O prato é complementado com ovos inteiros cozidos.

Feijão de fato Feito com fato, ou bucho, de porco, bofe, coração e fígado –, que são cozidos com o feijão-mulatinho. Come-se com farinha e molho de limão.

Feijão de leite Pode ser feito com feijão-preto ou feijão-mulatinho cozido em água e sal. Depois, põe-se o feijão para aferventar no leite de coco. Quem preferir apurar o sabor adiciona açúcar. O feijão deve ser levemente amassado. Come-se com arroz, que também pode ser de coco, para acompanhar peixe, entre outros pratos.

Feijão de vaqueiro É feito com feijão verde cozido com quiabo e abóbora, e temperado com toucinho fresco, sal e cebola. Come-se com linguiça assada na brasa, farinha e carne de sol.

Quiababá É feito com feijão verde e milho vermelho. Tempera-se com torresmo, sal, cebola, cominho e pimenta-do-reino. Come-se com farofa.

Quitandê Feito de feijão-mulata-gorda ou feijão-mulatão cozido em água e sal, e temperado com torresmo, cebola, alho, coentro, cominho, louro, pimenta-do-reino. Come-se com farinha de mandioca.

Feijão variado ou anduzada É feito com o andu verde, cozido em água e sal. Acrescenta-se carne de porco e tempera-se com torresmo, cebola, alho e coentro. A anduzada é uma modalidade de feijoada e deve ser comida com farinha de mandioca.

Feijão de andu É a anduzada com camarão seco ou fresco. O andu verde é cozido em água e sal. Tempera-se com camarão seco ou fresco, cebola, alho, coentro e azeite doce. Come-se puro ou com arroz.

Andu de Angola É uma variação do feijão de andu, acrescentando-se o azeite de dendê. Come-se com arroz branco e farofa.

Comidas de sustança

PARA SE COMER BEM
EM CASA E PARA SE COMER
BEM NA RUA

As chamadas comidas que "sustentam", que têm sustança, ainda conhecidas como comidas "fortes", são aquelas para serem consumidas em casa nos rituais de comensalidade. É que, após a refeição, há um tempo de reflexão à sombra, na rede de dormir, que é bem-vindo e certamente necessário para temperar emocionalmente esse encontro com pratos tão suculentos. Depois de serem apreciados lentamente e em grandes quantidades, para atender ao mais sublime sentimento de gula.

As comidas ditas "de sustança" são as que preparam aquele que faz o trabalho braçal, o trabalho físico que exige muita energia. É uma comida que dá esse tipo de base necessária.

Essas comidas, que estão nas feiras e mercados já bem cedo, integram o que se chama de "café da manhã", no qual são oferecidos pratos cheios, quase montanhas de comida. Mocotó, sarapatel, buchada, feijoada, caruru, geralmente acompanhados de muita farinha de mandioca, o que aumenta o volume e certamente dá mais saciedade. Ainda há o acréscimo de alguns molhos, como o de pimenta fresca.

Nas tradicionais comidas de rua, onde se oferecem as comidas de sustança, há destaque para as "mulheres de ganho", vendedoras escravas ou forras que levavam os seus tabuleiros às regiões dos trabalhadores braçais, para alimentar com feijão, angu, farinha. Exibiam seus panelões para vender suas comidas, panelões lotados de feijão com charque e temperos autorais.

Há depoimentos que dizem que essas "vendedeiras", quituteiras, vendiam o seu feijão servido nos chapéus dos trabalhadores do porto do Salvador. Esse era o tipo de utensílio mais usual, um tipo de prato possível.

E há também as lembranças dos "trabalhadores de canto", aqueles que prestavam serviço, geralmente de transporte de grandes objetos. Lembrança de um "ofício" da escravidão, dos trabalhadores da estiva, dos saveiristas, dos trabalhadores das feiras e dos mercados. E, para conseguir exercer esses ofícios, era preciso muita comida de sustança.

Após as comidas de sustança, crê-se que as pessoas estejam prontas, "bem alimentadas", para conseguir realizar suas tarefas diárias.

Então, essas comidas são, antes de tudo, servidas em quantidade, pois o conceito e a compreensão da quantidade qualificam o significado do "comer bem".

Comer muito é o mesmo que comer bem. Nesse imaginário, a gordura, os molhos grossos, a massa da farinha de mandioca integram os valores necessários para se compreender o que é comida de sustança.

Está na farinha de mandioca a grande marca culinária entre os mais distintos rituais de comer, em especial na organização dos cardápios populares. A farinha aumenta a quantidade da comida, pois com ela se faz a farofa ou o pirão. Esse ingrediente avoluma os demais complementos e quantifica a relação do que é muito.

Uma das comidas de sustança mais tradicionais do Recôncavo, que é para se comer preferencialmente em casa, é a preparada com folhas de mandioca, a maniva, cujo nome é provavelmente alusivo à "manisana" – brotos e folhas tenras da mandioca –, tradicional na cozinha indígena.

Com a maniva se faz a maniçoba, cozido que, além das folhas, é feito com carnes verdes e salgadas de boi e de porco, devendo ser acompanhado de muita farinha seca, farinha de mandioca, do estilo e da qualidade baiana, ou seja, bem fininha, feito areia de praia. As folhas da mandioca são trituradas e cozidas por vários dias, mas podem ser também compradas na forma de bolas verdes, no mercado da Cachoeira, que fica na cidade de Nossa Senhora do Rosário do Porto de Cachoeira, Bahia.

Depois de cozida, a maniva segue o mesmo ritual para se preparar uma feijoada, já que a maniçoba é consumida como uma feijoada. Tudo começa com uma abrideira, a chamada "branquinha", uma boa cachaça, indispensável para preparar o corpo e o espírito para a comilança, porque as comidas de sustança devem ser comidas em grande quantidade. Assim se aproveitam as qualidades da comensalidade e principalmente dos temperos "da mão de cozinha", que é o saber, a habilidade de preparar uma boa comida.

Geralmente, as comidas de sustança têm procedência popular e consumo preferencial nesse mesmo âmbito. E, dessa maneira, nascem muitas receitas pelo aproveitamento dos ingredientes.

As partes do boi ou do porco usadas nessas receitas são aquelas consideradas não nobres, tais como: sangue, vísceras, pés, orelhas, rabo, língua, entre outras, que são historicamente aproveitadas frescas ou salgadas. Desse modo, surgem muitos pratos da mesa baiana.

A criação de alguns pratos, entre eles a tão celebrada feijoada, bem como a dobradinha, o mocotó, o sarapatel, a buchada, o meninico, mostra a capacidade criativa dos processos culinários econômicos. Assim, pode-se organizar uma cozinha de subsistência com receitas de pratos suculentos e que verdadeiramente alimentam. Na categoria de inclusão de vísceras e sangue, destaque para a cabidela, ou galinha de cabidela, também conhecida como "galinha ao molho pardo".

Nesse imaginário das comidas de sustança ou das comidas fortes, diz Manuel Querino, referindo-se ao mocotó: "É uma das refeições mais apreciadas pelo povo baiano e ainda pela classe abastada" (Querino, 1988, p. 145).

Na Bahia, a convivência entre pessoas de diferentes classes sociais foi sempre muito intensa. É uma convivência íntima, doméstica e prolongada, também experimentada nas festas populares, nos terreiros de candomblé e especialmente nas cozinhas.

MOCOTÓ

O mocotó com seus acompanhamentos, ou mesmo na modalidade "caldo de mocotó", sempre foi muito apreciado, e nasceu de uma receita muito simples.

O mocotó, ou "pata de boi", é enriquecido com insumos como charque, chouriço, dobradinha, e temperos como cominho, limão, vinagre, entre outros.

UM ESTILO DE MOCOTÓ

Unha ou pata de vaca, tripas, dobradinha, beiço, charque, chouriço, toucinho, tomate, cebola, hortelã, limão, louro, vinagre, alho, pimenta-do-reino, cominho e sal. Inicialmente, um dia antes, o charque e o toucinho ficam de molho na água para retirar o excesso de sal.

Tudo é lavado com muito limão: unha ou pata de vaca, tripas, dobradinha. E seguem para a panela, para cozinhar. Depois de acrescentar o charque, o chouriço e, ainda, o louro e a cebola, deixa-se ferver. Na sequência, um bom refogado à base de azeite doce, ou de oliva, com alho, cebola, tomate, cominho, pimenta-do-reino, hortelã e também vinagre. Tudo se complementa com o sal. Volta-se à panela do mocotó, misturando-se todos esses preparos, e se adiciona mais água para então cozinhar. Cozinhar até cheirar.

Do caldo faz-se o pirão ou então se toma como uma abrideira da refeição. Pode-se também tomar o caldo do mocotó como uma sopa, acrescentando-se rodelas de paio ou outro complemento, ou ainda cobrir o caldo com farinha de mandioca.

O sarapatel baiano é semelhante ao prato português chamado "sarrabulho". A base de ambos é o sangue de porco. O sarapatel também marca o conceito de fartura de comida. É um prato que celebra a matança do porco. E o aproveitamento de tudo o que o animal pode oferecer de possibilidades gastronômicas.

UM ESTILO DE SARAPATEL

Para fazer sarapatel, se aproveitam do porco: tripas, fígado, rins, sangue. São acrescidos: cebola, coentro, alho, tomate, salsa, louro, hortelã, cominho, cravo-da-índia, pimenta-do-reino, limão, vinagre, e ainda o toucinho, ou mesmo a banha do porco, segundo indicações das receitas mais tradicionais.

Tudo que chega do porco é extremamente lavado com muito limão, seguido de um rápido aferventado, e segue para ser cozido em outra água, já enriquecida de cebola, hortelã, cravo-da-índia, alho, louro, cominho e sal. Na sequência, tudo é cozido segundo a tradição. O sarapatel se faz em dois dias, certamente para apurar os temperos.

No dia seguinte, prepara-se um refogado com banha, toucinho, cebola, tomate, alho e pimenta-do-reino e, quando estiver no ponto, acrescenta-se o sarapatel. O sangue é acrescido de vinagre, aferventa-se e então segue para a panela do sarapatel.

Preserva-se o sarapatel no seu estilo de sopa grossa, pois há muito caldo que é complementado na mistura com a boa farinha de mandioca do Recôncavo. Então é para se comer o sarapatel em prato fundo, em que é complementado com pimenta e limão. É um tipo de refeição, como o mocotó, que deve ser iniciado com uma boa cachaça.

QUIABO

Além de carnes, sangue e miúdos de animais, outros ingredientes celebram a comida de sustança. O quiabo, *Hibiscus esculentus*, é um deles, e também uma das melhores bases para fazer comidas consistentes. São emblemáticos a quiabada e o caruru.

O caruru é também uma comida de mercado muito popular, como o mocotó. Geralmente, o caruru é uma comida de sábado, e o cardápio será complementado com algumas comidas brancas: arroz, acaçá ou a tão estimada farinha seca, para melhor absorver o azeite de dendê.

Lembranças do chamado "ajojó", bolas de arroz próprias para se comer com caruru. Uma das interpretações dessa comida de quiabo é o amalá, ou omalá, comida sagrada do orixá Xangô. No amalá, a receita convencional do caruru é enriquecida com carne de boi e acompanhada de pirão de inhame; inclui-se muita pimenta, além de alguns quiabos inteiros.

A quiabada é um prato do dia a dia, sendo tão apreciado como as comidas de feijão, formando bases de cardápios nas casas, nas bancas de feiras e mercados e em alguns restaurantes que servem verdadeiramente a comida baiana, e não apenas "alegorias culinárias".

RECEITA DE QUIABADA

Para se fazer esse prato, são necessários quiabo, cebola, alho, coentro, hortelã, salsa, toucinho, paio ou chouriço, carne bovina ou, ainda, camarões defumados e dendê. Prepare os quiabos em pedaços. Antes, devem ser bem lavados e enxugados.

Na sequência, a carne é cortada em pedaços e o toucinho fica derretendo, exalando aquele cheiro sedutor da boa comida. Com essa base, a cebola e o alho são refogados e juntam-se, ainda, o paio ou o chouriço e a carne, finalizando com o quiabo, o cominho, o louro e o sal. Complementando, acrescentam-se hortelã, cominho e salsa para fazer também um caldo grosso, contudo em bem menor quantidade do que se deseja para um sarapatel.

Outra variação de estilo para a quiabada é aquela feita com temperos, camarão seco ou defumado e azeite de dendê, compondo ainda a receita os quiabos, certamente, a carne bovina, a cebola, o tomate e o sal, além da pimenta-do-reino.

A quiabada deve ser comida com o acompanhamento de arroz branco ou ainda de um bom pirão de farinha de mandioca, que funciona como se fosse o acaçá, para complementar os sabores entre o prato bem temperado e o prato insosso, contudo de sabor próprio e peculiar. Sem dúvida, uma boa farinha de mandioca sobre a quiabada dá o gosto necessário e, assim, a receita é complementada.

MAXIXE

O maxixe, *Cucumis anguria* L., é uma hortaliça do continente africano, especialmente da África oriental.

De amplo uso culinário no Brasil, o maxixe comum, o maxixe-do-norte, bem como o maxixe-japonês, recebem algumas interpretações culinárias, seja em pratos do cotidiano, seja em pratos como a notável maxixada, de forte referência regional.

O maxixe é também um dos ingredientes mais tradicionais do cozido ou mesmo da feijoada nordestina, que é acrescida de jerimum, ou abóbora, de quiabo e de feijão, geralmente o chamado "mulato" ou "mulatinho". É consumido em ensopados com carne bovina, lombo e alguns embutidos de porco; ou, ainda, com camarão seco ou defumado, ou mesmo camarão fresco, um acréscimo em sabor e identidade do Recôncavo; é complementado com ovos.

Destaca-se, na área do Sertão baiano, o maxixe preparado com a nata de leite, considerado um prato muito tradicional.

Devem-se lavar os maxixes e raspá-los com uma faca, para que fiquem lisos. Depois, são cortados em rodelas e misturados com carne de sol escaldada, cebola, alho, coentro e salsa. Então acrescenta-se um pouco de água na panela, deixando cozinhar em fogo brando. Quando o maxixe estiver cozido, adiciona-se uma xícara de coalhada ou de nata e mistura-se. Assim, está pronta a maxixada. Uma delícia. O acompanhamento indicado é a farinha de mandioca seca, o arroz, além da pimenta, para apurar todos os sabores.

MENINICO DE CARNEIRO

Essa receita lembra o sarapatel ou a galinha de cabidela, e é outro prato da cozinha tradicional da Bahia preparado com o aproveitamento do fato, ou bucho, do fígado e do sangue do carneiro. Seu preparo requer muita dedicação e, como os demais pratos de sustança, é elaborado num período de dois dias.

A base do meninico está nos chamados "miúdos" e no sangue acrescido de vinagre. Compõem também essa receita: cebola, alho, hortelã, salsa, coentro, cebolinha, pimenta-do-reino, cominho, pimenta-de-cheiro fresca, limão e sal.

Tudo começa lavando-se bem todos os miúdos com muito limão; depois se afeventam os miúdos e o sangue pelo período de uma hora. Prepara-se, então, uma mistura com cebola, vinagre, hortelã, alho, salsa, cebolinha, coentro, as pimentas, cominho e sal Coloca-se a mistura sobre as vísceras e o sangue, unindo assim todos os ingredientes. Diz a tradição que o vinagre deve ser de um bom vinho branco. Agora, tudo novamente vai ao fogo e se acrescenta o toucinho. Cozinha-se por duas horas.

No dia seguinte, é o trabalho artesanal de montar o meninico, como se procede com as tão sertanejas e saborosas buchadinhas. Novamente, tudo volta ao fogo para mais quatro horas de cozimento. O toucinho está no caldo grosso que preparou as "buchadinhas", quer dizer, os meninicos de carneiro, enriquecendo os sabores. Então, desse toucinho é preparado o caldo que serve de base para o pirão feito com farinha de mandioca. Acompanha, ainda, o prato um molho fresco, feito com limão e muita malagueta, para apurar e dar identidade ao meninico.

ROUPA-VELHA

É um prato que recicla e aproveita a carne do dia anterior, geralmente lombo ou carne de charque. A roupa-velha retoma a rica e internacional cozinha especializada nos aproveitamentos.

O nome "roupa-velha" vem de Portugal, onde tudo se aproveita pelo gosto e pela invenção: o peixe, a carne, os ovos, entre outros.

Aclimatando essas receitas, destaca-se o uso do azeite de dendê e do camarão seco e defumado, ingredientes que ampliam as possibilidades dos sabores das comidas recicladas.

Tudo pode acompanhar a roupa-velha. Pirão de farinha de mandioca ou outro prato à base dessa farinha, como a farofa. Ainda, acréscimos de manteiga ou acompanhamentos como o arroz branco bem ligado, quase insosso, para melhor combinar com o molho de pimenta, que é a culminância e a harmonização trazendo o paladar de uma comida verdadeiramente gostosa.

ALMOÇO FRESCO

Prato sensível e criativo, nesse imaginário de receitas, sabores, cores e estética, e que chega para comunicar ritualmente a comida de cada dia. Cada prato e os seus rituais do servir e do comer – aí se vê o conceito culinário do chamado "almoço fresco" na mesa baiana. Refere-se à comida nova, feita na hora, e que também assume o significado de uma comida de sustança.

O almoço fresco é um prato que se serve quente, logo após a sua preparação na cozinha. É um prato acompanhado de pirão e pimenta.

Prato muito comum na mesa tradicional baiana como comida do dia a dia.

O almoço fresco é feito preferencialmente com carne de músculo ou peito, ou ainda capa de filé; é acrescido de linguiça, toucinho, cebola, batata, alho, coentro, hortelã, louro, pimenta-do-reino, cominho, vinagre e sal. Após o cozimento, colocam-se as batatas, mais água e o sal. Complementa-se a receita com vinagre, hortelã e coentro.

O caldo desse prato serve de base para um suculento pirão com farinha de mandioca. O molho, que também é fresco, é feito de pimentas novas e limão, e um bom azeite de oliva.

CUSCUZ

Nessa categoria de comida de sustança, também se destaca o cuscuz, que é um prato do dia a dia. Comida matinal de casa e dos mercados.

A base do cuscuz é a farinha de milho, e pode ser complementado com leite de coco e a sua polpa ralada.

Já, no cuscuz de milho verde, se acrescenta a farinha de guerra – farinha de mandioca – para dar a liga. Então, essa massa é misturada e enformada no cuscuzeiro. A água irá ferver até o cuscuz ficar pronto.

Retira-se do fogo, coloca-se num prato ou tigela e então acrescenta-se o leite de coco.

O cuscuz de milho pode, ainda, ser acompanhado de carne guisada, que tenha um bom molho grosso, entre outros complementos. Também é um ótimo acompanhamento para carne de bode.

Cuscuz de milho com amendoim Na receita do cuscuz de milho, adiciona-se o amendoim torrado inteiro à mistura de farinha de cuscuz, fubá, açúcar e sal.

Cuscuz de arroz Com o fubá de arroz, tempera-se o cuscuz de milho, misturando-o à massa. Pode ser feito também com arroz aferventado e sal.

Cuscuz de inhame O inhame é ralado e aferventado em água e sal. Acrescentam-se coco, sal e açúcar. Leva-se ao cuscuzeiro. Serve-se com leite de coco grosso. Pode-se também, com os mesmos procedimentos culinários, fazer o cuscuz com fruta-pão, aipim e outras bases que nos chegam da invenção das cozinhas.

Farofa de cuscuz Para se fazer a farofa, acrescentam--se manteiga e ovos ao cuscuz. É uma comida tradicional para se comer com diferentes carnes.

Comidas de beber

O uso de plantas medicinais como tempero ou ingrediente de variados cardápios permite trazer uma compreensão da comida em sua função de prevenir doenças e fortalecer o corpo, além de dar sabor e conservar a própria comida.

Por exemplo, na cozinha tradicional do Magrebe, no norte do continente africano, vê-se nas receitas o uso intencional e sistemático de plantas medicinais para o preparo do cuscuz. Tudo nasce da sabedoria tradicional acumulada por longa experiência que vai formando os paladares e os hábitos alimentares.

Também há outros povos do continente africano cujas sabedorias tradicionais apontam para a união da saúde com a comida, e esse é um sentimento compartilhado pelos povos que têm uma memória geral e comum do ato de fazer e de servir comida.

As muitas tradições que chegam dos povos indígenas, reconhecidos intérpretes da natureza, mostram as ricas possibilidades das matas e dos animais que nos servem de alimento.

A comida e a saúde sempre estiveram unidas, pois os ingredientes funcionam como alimentos e como medicamentos indicados para o corpo e para o espírito.

Nesse contexto, está a crescente valorização da água, certamente o mais notável e fundamental ingrediente. Água boa de beber, de se fazer comida, de se viver.

O princípio das comidas de beber que servem para nutrir e fortalecer, sem dúvida, orienta um amplo cardápio do cotidiano, com receitas à base de milho e de produtos da mandioca.

Mingaus, bebidas grossas ou diluídas, como é o caso do acaçá dissolvido na água. Os caldos de cana, as garapas, entre tantas outras que são misturadas com farinha de mandioca. O açúcar ou a rapadura com água torna-se uma bebida-quase-mingau – o chibé –, quando misturado à farinha de mandioca; e nisso lembra outra comida/bebida que é o chamado "mingau de cachorro". Também feita com farinha de mandioca, água e rapadura, a jacuba é outra bebida tradicional na Bahia, e considerada um verdadeiro mata-fome.

Certamente, cada bebida ganha o seu lugar social e simbólico ao integrar-se aos rituais do cotidiano e das festas.

Destaque para a abrideira. Ela acompanha e integra o hábito da nossa mesa, que valoriza os caldos de diferentes comidas: caldo de mocotó, caldo de feijão, caldo de peixe, caldo de camarão, caldo do cozido, entre tantos outros.

Ainda, nesse contexto, a cachaça com folhas é uma mistura em muitos casos prescrita como um verdadeiro "remédio" que, combinado com raízes e frutos, amplia os sabores e enriquece as propriedades da bebida.

Pela goela abaixo desce a branquinha – água que passarinho não bebe – para abrir as refeições, abrir as conversas e aproximar as pessoas.

A tradição da abrideira é um contato privilegiado entre o sabor e o ardor; o estilo de bebida forte, bebida masculina que inaugura os diálogos com o mundo. É o encontro dos caldos de diferentes temperos com as variedades de estilos da nossa tão celebrada cachaça.

Cachaça que também aproxima o santo. Seja o santo que for. Santo individual, coletivo, identificado, nominado, ou mesmo inventado na hora.

Dar bebida ao santo. Jogar no chão o primeiro gole, como um pedido de licença, uma saudação ao chão e aos ancestrais.

Oferecer à terra é oferecer aos vivos e aos mortos. É celebrar uniões entre o hoje e o ontem, e desejar uma fala simbólica com o amanhã. Terra, chão, território ancestral; território concreto do trabalho, das relações sociais. Assim são ativadas as memórias que também nos trazem o continente africano.

A cachaça, no boteco, no botequim, na banca de feira e de mercado, na esquina, no bar, ou mesmo em casa, promove um sentimento de mundo dos homens. Essa bebida forte determina território e celebra a conquista do herói. Herói internalizado ou mesmo herói inconsciente. É a lembrança do provedor, do caçador, do guerreiro, daquele que chega para marcar um papel, uma função social. Tudo isso transita pelo amplo imaginário dessa nossa bebida forte que é a cachaça.

A cultura judaico-cristã incumbiu-se de determinar o papel histórico e patriarcal do homem na nossa sociedade. Em permanente atualização, esse papel masculino idealizado é relativizado entre a caçada do provedor e a ida ao supermercado.

As bebidas mostram comportamentos, formas de contatar com o mundo externo. Cada bebida tem um limite, quase irreal, entre o tempo histórico e o tempo mágico.

Baco certamente já sabia o que fazia com a razão. Exu, o mensageiro entre os homens e os outros orixás, bebe muito e se relaciona muito bem com a nossa cachaça. Ogum, orixá da agricultura, das ferramentas e da guerra, bebe tradicionalmente o emu – vinho de palma feito à base da seiva do dendezeiro.

A cachaça encarna um sentimento nacional. O sentimento do brasileiro. Há também uma representação mimética entre a cachaça e o machismo.

Esse vinho de borras, a cachaça brasileira, é resultado da cana sacarina, que chegou até nós do sudoeste da Ásia. A cachaça é a bebida dos contatos, da socialização, mas também uma bebida da solidão. É uma busca pelo espírito da cana-de-açúcar.

Profundamente espiritual, e espiritualizada, é a cachaça. Ela é um ser, uma entidade socialmente incluída nos rituais cotidianos ou em complexas situações de liturgias, de cerimônias coletivas, intermediando pessoas e personagens.

Cachaça, uma bebida que está no nosso imaginário, que está acima do bem e do mal.

BATIDAS

Nada melhor, no sábado pela manhã, do que se reunir com a multidão que vai beber nos bares do andar térreo do Mercado Modelo, na cidade do Salvador.

Há cerveja de todas as marcas; contudo, o ritual determina que se devem beber as batidas, que são misturas de frutas e raízes na cachaça, seja ela de que tipo for: branca, nova ou ainda na imburana, entre outras madeiras, para envelhecer a bebida e lhe conferir sabores especiais.

As batidas são vistas em garrafas de vidro que exibem esses líquidos coloridos e, diga-se, sempre doces.

Destaque para a batida de gengibre, sempre bem gelada. Também para as batidas de coco e de amendoim, e tudo mais que as possibilidades criativas das misturas possam sugerir para esse verdadeiro culto ao Baco tropical. Mas nada de uvas, vinhos, parreiras. Cultua-se a boa e generosa cana sacarina, mãe da cachaça brasileira. É uma celebração verdadeiramente nacional, baiana.

Acompanham esses rituais, centenas de pessoas que vão pedindo "no grito": "dois gengibres, uma com mel"; e os seus acompanhamentos: peixe frito; moela cozida e acebolada; carne do sertão e farofa; ou então dúzias de lambretas (moluscos), tão apreciadas pelos baianos como acompanhamento de bebidas.

E, se a fome aumentar, basta caminhar alguns metros e se debruçar no tabuleiro da baiana para comer um suculento abará na folha que o mantém úmido; e, complementando, um pouco de pimenta para coroar o feijão, o camarão e o dendê que reinam no abará.

O vira-vira é um tipo de batida de fruta também conhecido como "leite de camelo". Cachaça, leite de coco e açúcar.

São encontradas muitas outras frutas que se misturam com cachaça branca, geralmente nova, própria para fazer batidas. Cajá, pitanga, maracujá, entre tantas outras frutas, especialmente as tropicais. Essas bebidas são tidas como abrideiras das refeições ou servem para acompanhar pratos rápidos, como a lambreta.

CALDOS DE ABRIDEIRA

O caldo feito à base de comidas de sustança, como o mocotó, por exemplo, é uma espécie de síntese dos sabores que oferece à boca a união de todos os temperos no seu tempo de harmonização.

Nada melhor do que um caldo de mocotó servido em um prato, como sopa, para ser sorvido lentamente, de colher, e perceber o buquê de aromas. Geralmente esse prato poderá trazer um pedaço do próprio mocotó; e, para engrossar o caldo, um pouco de farinha de mandioca.

É comum ainda comer/beber o caldo de mocotó acompanhado de um pão francês com o seu miolo generoso.

O caldo de mocotó é uma boa opção também como refeição.

Como abrideira, o caldo de mocotó poderá ser servido, como os demais tipos de caldos, em xícaras de diferentes tamanhos ou em copos. Geralmente, os caldos antes do consumo são enriquecidos com algumas gotas de molho de pimenta e/ou de azeite de oliva.

Destaque para os caldos de feijão que poderão vir das feijoadas, ou dos feijões do cotidiano, que em geral são enriquecidos de toucinho. Estes caldos são também complementados com molho de pimenta.

No oferecimento desses caldos – geralmente à base de feijão-preto–, eles podem ainda receber, em suas doses individuais nas xícaras, ovos de codorna cozidos, pedacinhos de charque frito ou mesmo azeitona. Isso ocorre quando os caldos são consumidos em bares e restaurantes.

Em casa, esses caldos fazem o começo da refeição e são servidos com as panelas ainda no fogo. Retira-se o caldo com a concha e serve-se na xícara, no copo de vidro ou em copo especial, feito de barro, como aqueles que nos chegam das tradicionais olarias de Maragogipinho, no Recôncavo.

O caldo de peixe, quando proveniente da peixada com ou sem leite de coco, pode ser complementado com limão e, em alguns casos, com um pouco do próprio peixe desfiado no caldo.

Esses deliciosos caldos cumprem o seu papel de "abrir" os rituais de comensalidade, e normalmente são acompanhados de uma boa cachaça, obedecendo a uma sequência que consiste num gole do caldo e outro gole de cachaça, de modo a preparar a boca para o prato principal.

Outro delicioso caldo, muito apreciado, é o que reúne todos os insumos utilizados para se fazer o cozido. São legumes, carnes frescas e defumadas, temperos, gorduras, tudo vivendo na mesma panela.

Essa receita convida grande número de participantes para consumir a variedade de todos os seus sabores.

O pirão é um filho do cozido. E também do seu caldo, que é misturado com farinha de mandioca.

Quiabo, jiló, maxixe, jerimum, batata-doce, couve, repolho, cenoura, banana-da-terra, milho, macaxeira e inhame. Carne de peito, toucinho de fumeiro, carne do sertão, paio, linguiças, cebola, e tudo mais que a feira e o mercado possam oferecer a esse prato, que é um coletivo de sabores: cominho, hortelã, salsa, louro, coentro, azeite doce – que é o de oliva; e o ardor de uma boa pimenta.

MUNGUNZÁ DE BEBER

Milho branco bem cozido, açúcar, leite de vaca, leite de coco, e um longo cozimento. O que caracteriza o mungunzá de beber é a maior quantidade de caldo. Caldo espesso, perfumado pela canela e pelo cravo.

No dia a dia, é servido no lanche da tarde, na merenda, no café da manhã, ou mesmo à noite, na ceia.

O mungunzá também integra o cardápio tradicional das festas em louvor aos santos de junho. Quando consumido quente, os grãos do milho devem derreter em contato com a boca. Beber mungunzá é quase um encontro divino.

DENGUÊ

Como outros mingaus tradicionais baianos – tais como o de milho, de tapioca, de carimã –, o chamado "denguê" é de beber. Sempre quentes, são servidos em copos, e pode-se ainda polvilhar canela em pó.

Geralmente, esses mingaus não são muito doces, sendo para muitos a primeira refeição do dia.

Vender mingau é muitas vezes associado ao ofício de Baiana de Acarajé. Porém, normalmente se pode encontrá-lo em bancas móveis que levam os panelões com os mingaus.

São panelões brilhantes de tão "ariados", e panos de pratos alvíssimos recobrem as suas tampas. Pois essas são formas de dialogar com o público sobre a limpeza e a higiene de quem vende, e certamente atestar a qualidade da comida.

O denguê também é uma bebida de casa, além de marcar presença nos terreiros de candomblé, por estar incluída nos cardápios rituais. É feito com massa de acaçá branco – farinha de arroz ou de milho branco – muito cozida e misturada com água e bastante açúcar, transformando-se num caldo grosso.

ALUÁ

Para fazer o aluá, primeiramente torra-se o milho vermelho. Em seguida, o milho é colocado em um recipiente de barro para fermentar por alguns dias. Adicionam-se ainda rapadura e gengibre. Depois pode se acrescentar mais água e está pronto para o consumo. Geralmente, o aluá é servido nas festas públicas dos terreiros de candomblé.

LICORES

Os licores da Bahia integram cardápios festivos do ciclo junino e acompanham os bolos de milho, a pamonha de milho e de carimã, além de outras delícias feitas com coco e amendoim, que celebram o santo Antônio, o são João e o são Pedro nas casas, nas ruas e nos terreiros de candomblé.

Na tradição baiana, os licores ganham um destaque especial. São bebidas socializadoras, degustadas em copinhos ou cálices de vidro ou de cristal. São mais valorizados quando feitos artesanalmente.

É comum, nas "rezas" e nas ladainhas em louvor a santo Antônio, o oferecimento de bolo, mungunzá e licor de jenipapo.

Para se fazer esse licor, o jenipapo é colocado para macerar no álcool. Adiciona-se uma calda grossa de açúcar; depois se utiliza um pano para filtrar essa mistura. É, certamente, o licor mais tradicional e apreciado no ciclo junino da Bahia. Diz a tradição: os melhores licores são feitos por mãos femininas.

Destaque também para o licor de banana-de-são-tomé. Levam-se as bananas maduras ao forno; depois são maceradas, acrescentando-se álcool e açúcar. Pode-se ainda adicionar canela.

Comidas na folha

Lembro-me dos bons abarás, quentes, recém-chegados das panelas, nas folhas úmidas de bananeira, que trazem os sinais da água e do azeite de dendê. Então se abre o abará. Massa consistente e cheirosa, que une o feijão, o camarão, o dendê e a folha. Pode-se comer assim, puro, pois essa massa já se apresenta num buquê de temperos; ou então se adiciona um molho grosso de pimenta, para ativar e atiçar esse encontro de memórias de matriz africana e de sabores que só a Bahia tem!

COMIDAS NA FOLHA DE BANANEIRA

Na mesa brasileira, muitas comidas são envolvidas em folhas novas e verdes, especialmente folhas de bananeira, que são passadas no fogo para adquirir flexibilidade, ou então usadas ao natural, como é o caso das folhas de milho verde.

As folhas funcionam como embalagens, além de acrescentar sabores especiais à comida, porque, de acordo com os processos culinários, poderá ocorrer a liberação de alcaloides, dando-lhe assim algumas identidades culinárias. É um enriquecimento de sabores.

Abará, pamonha, manuê, moqueca de folha, acaçá, aberém, rapadura na folha, afurá, ecuru são alguns pratos feitos com o uso de folhas; é certamente uma continuidade de saberes muito antigos e tradicionais.

São técnicas milenares, conforme o amplo receituário de povos nativos americanos, que empregam diferentes tipos de folhas para acondicionar os alimentos. Destaque para o moquém – técnica de cocção artesanal que utiliza uma espécie de grelha feita de varas de madeira.

As folhas de bananeira são escolhidas tenras e com boa textura, para funcionar como embalagens para a comida. Diga-se embalagem/ingrediente. Elas são lavadas e cortadas em tiras, de acordo com o tipo de comida; depois são passadas no calor do fogo para se tornarem flexíveis. Também as folhas poderão ficar em recipientes, como bacias ou gamelas, para receber água fervente e assim adquirir a textura necessária de acordo com o uso culinário.

ACAÇÁ BRANCO E ACAÇÁ VERMELHO

O milho é triturado na pedra – o pilão lítico. A massa resultante é passada numa urupema – peneira – para se obter a textura mais fina possível. Coloca-se de molho. A água é trocada após passar um dia inteiro. A massa é então cozida em outra água.

O grosso mingau é retirado com uma colher de pau e colocado, às porções, nas folhas de bananeira, previamente preparadas. O acaçá é esfriado geralmente em utensílio de louça branca ou ágata.

Esse é o acaçá branco, também conhecido como "ecó" em âmbito religioso afrodescendente.

Há o acaçá vermelho, que é feito com milho vermelho ou fubá de milho fino. O procedimento culinário é o mesmo do acaçá branco.

Alguns preceitos orientam colocar azeite de dendê sobre os acaçás vermelhos e mel de abelha sobre os acaçás brancos.

Uma variante do processo artesanal de feitura do acaçá é descrito no Rio Grande do Sul, na área do batuque: "[…] creme de polpa branca de canjica de milho enrolado em folhas de embiri (*Canna glauca*) e levado ao fogo. Há vários pratos com esse nome" (Bettiol, 1963, p. 166).

Nos ganhos tradicionais da Bahia do século XIX, que eram vendas de rua, o acaçá se destaca como uma das principais iguarias, juntamente com o acarajé, como nos informa Arthur Ramos:

> Mas ainda hoje há expressões iorubás saídas dos terreiros e correntes entre os negros baianos carregadores das docas, as negras vendeiras de acaçá e acarajé. Olé, olé, patá-patá, abalá icó ou lelé, iô, aticum fereré, aticum fereré […] invocar a proteção para o tabuleiro de guloseimas. (Ramos, s/d, p. 306)

Destaque também para o acaçá de leite, que segue a técnica do acaçá branco, com a diferença de que se adicionam leite de coco e raspas de coco e açúcar.

ALGUMAS RECEITAS E ESTILOS DE FAZER COMIDAS NA FOLHA

Aberém A massa de milho branco é preparada como se fosse para o acaçá. Fazem-se bolas, que são cozidas em banho-maria. As folhas de bananeira servem para envolver o aberém. Também pode ser servido com mel de abelha ou com um preparado à base de açúcar. Prato tradicional do candomblé, o aberém pode acompanhar o amalá, comida do orixá Xangô, entre outros.

Abará Para se fazer abará, é necessário: feijão-fradinho, cebola, camarões secos, sal, azeite de dendê, além de folhas de bananeira para embrulhar as porções de massa. Algumas antigas receitas de abará acrescentam também gengibre e pimenta-malagueta à massa de feijão, ampliando assim os sabores.

Trabalha-se o feijão como se fosse para fazer acarajé. Na massa, acrescenta-se azeite de dendê para dar cor, um tipo de assinatura étnica africana. As folhas de bananeira prontas são usadas para embalar as porções. Há, ainda, camarões secos nessa massa. Os abarás são colocados num cuscuzeiro para cozinhar no vapor da água; ou, como é mais comum hoje em dia, numa panela em que são cozidos na água fervente.

Após o cozimento, devem permanecer nas panelas, para manter a temperatura e apurar o gosto. É muito bom comer abará na folha. Outra maneira é acrescentar-lhe os mesmos recheios do acarajé.

Pamonha de milho Feita com milho verde e novo, açúcar, leite. A massa, quando adquire a consistência desejada, é embalada na palha de milho cozida. Provavelmente, o termo "pamonha" vem do tupi e significa "pegajoso".

Pamonha de carimã É feita com massa puba ou carimã, com acréscimo de água, açúcar, coco ralado e sal. Depois de preparada a massa, embala-se na folha de bananeira, e então segue para o cozimento.

Beiju de carimã ou bolo de folha A massa de carimã recebe o leite de coco, o sal e o açúcar. Então, as porções são postas sobre as folhas de bananeira e seguem para assar na grelha; a própria folha acrescenta um sabor característico à receita.

Moqueca de folha O peixe mais usual para se fazer esta moqueca é o chicharro. Os peixes são limpos, e depois temperados com uma pasta feita de pimenta malagueta verde e sal. Os peixes ficam um tempo nesse tempero.

Em seguida, formando dupla, os peixes são embalados em folhas verdes de bananeira. E vão moquear sobre a grelha, no calor médio e contínuo das brasas. É para ser comido de mão, pois é uma comida de tabuleiro, como o acarajé.

COMIDAS FEITAS NAS FOLHAS DE MAMONA

As comidas dos cardápios de matriz africana são servidas também em outras folhas. Comidas rituais do candomblé são servidas nas folhas de mamona, como acontece na grande festa chamada "Olubajé", quando se celebra a colheita. No Olubajé, todos comem durante a liturgia, conforme os preceitos iorubás.

Tradicionalmente, as comidas do Olubajé são feitas em panelões de barro e apresentadas em recipientes diversos: grandes gamelas de madeira; travessas de barro, de porcelana; cestos, balaios.

O cardápio apresenta as comidas dos orixás: farofa de dendê, bola de inhame, acarajé, abará, acaçá, doboru – pipoca –; feijão-preto com dendê e camarão seco; omolocum, caruru, vatapá, axoxó, milho de Iemanjá, efó, ebô; além de carnes de galinha e de bode cozidas e temperadas. Tudo é servido na folha de mamona. A folha de mamona é uma verdadeira base ecológica para acolher a quantidade e a variedade das comidas.

Diz o costume que a comida do Olubajé é para ser comida "de mão". Assim, ritualmente, se comem essas obrigações do calendário festivo do candomblé.

No Olubajé identifica-se um "texto gastronômico" que diz: "Coma o mundo, pois ele esta representado, aí, nas suas mãos, nas folhas de mamona; segure-o e sinta-o". E o mundo está nas misturas do dendê no inhame, no vatapá, no efó. Pela comida, vive-se, então, a celebração da terra fértil e da fartura da colheita.

Ainda, segundo os preceitos, deve-se comer tudo que é oferecido no Olubajé.

Nessa cerimônia, Omolu, Nanã e Oxumaré, pelas danças, vão contando as histórias das terras Fon, do povo Mahi, que habita o nordeste do Benin – antigo Daomé –, na África.

Essa união, essa proximidade física, sensorial, com o sagrado proporciona um sentimento religioso muito especial.

Comem-se as comidas do orixá. Ouvem-se as suas músicas. Veem-se as suas danças. Ouvem-se as suas louvações dirigidas aos orixás: "atotô", para Omolu; "saluba", para Nanã; e "aoboboi", para Oxumaré.

No tempero do doce

A cana sacarina, por meio do açúcar, e o uso do mel de abelha estabelecem conceitos do que é doce, e ocorre então o tempero doce, a identidade doce, conforme a escolha e a compreensão do ato de adoçar.

Tornar doce conforme os padrões culturais é estabelecer o gosto e o paladar. Pois aquilo que é doce parte de uma compreensão cultural, um entendimento culinário, e certamente simbólico.

Para o brasileiro, a cana sacarina é formadora de uma civilização, de acervos, de patrimônios, que estão especialmente relacionados às cozinhas.

Sem dúvida, há distinções históricas, sociais e culturais que caracterizam e indicam os rituais de como se faz, se serve e se come o doce, e que estão nas memórias da própria formação da civilização brasileira do açúcar, o "ouro branco".

A cana sacarina é introduzida no sul de Portugal, mais precisamente no Algarve, em 1404, durante o reinado de dom João I (1385-1433). Anos mais tarde, é levada para a ilha da Madeira pelo infante dom Henrique, tornando a planta e seus produtos grandes fomentadores do mundo colonial e do mundo além-mar. A cana sacarina dá suporte econômico aos descobrimentos.

De cultivo milenar na Ásia, sua terra de origem, a cana sacarina, ou cana-de-açúcar, era usada principalmente no preparo de uma bebida à base de melaço, conhecida como "quilão".

A monocultura da cana-de-açúcar no Brasil foi bem estudada por Gilberto Freyre em *Nordeste*, de 1939. Nessa obra, o autor abordou com sensibilidade regional, própria ao rigor da crítica ecológica, aspectos atualíssimos, como biodiversidade, ecossistema e ecologia cultural.

Açúcar, uma ação de dominação, visando lucro e exportação, uma monocultura que enfrentou a mata atlântica.

A cozinha brasileira é tão ampla que abraça o peixe, o leite de coco, o dendê, o churrasco, o feijão, o arroz doce, os doces de coco.

O coco, fruta da Índia; a jaca e a fruta-pão, Indonésia; a manga, também da Índia; a carambola, das ilhas Molucas; e tantas outras frutas exóticas que hoje são tão nossas, brasileiras, dos nossos quintais, dos nossos pomares, das nossas feiras, dos nossos mercados.

Nesse cenário social, a Bahia mostra as muitas maneiras de fazer doces de frutas, de preparar comidas que integram esses imaginários do Oriente aos do Ocidente. Essas frutas hoje em dia são consumidas em sorvetes, cremes, bolos, tortas; em calda de açúcar, em massa, em forma cristalizada; e tantas outras delícias de ver e de comer. O açúcar possibilitou novas criações de doces, especialmente com coco, conhecido por muito tempo como "coco-da-baía".

A DOÇARIA DOS CONVENTOS E MOSTEIROS PORTUGUESES

Desenvolvida nos conventos e mosteiros, a tradição da doçaria portuguesa revela a forte presença dos povos do Magrebe africano, dos quais absorveu muitos cardápios de base muçulmana. Nesses locais existiam "laboratórios de sabores" onde se dispunha do tempo necessário para refletir, provar, experimentar e descobrir as misturas com ovos, temperos, especiarias e açúcar.

Destaca-se a doçaria do reino, de além-mar, de um Portugal tão ocidental quanto oriental, e já globalizado, que ao largar-se por "mares nunca dantes navegados" determinou o gosto pelo açúcar, com os doces dos conventos, casas e ruas do reino.

Conventos como Odivelas e Santa Clara, assim como os mosteiros de Bustelo, Vairão e Santo Tirso, adquiriram fama pela criação dos seus doces, cujas receitas têm grande valor para o patrimônio histórico e cultural português. Famosos são os pêssegos cristalizados, o manjar branco, os suspiros, os alfitetes – pastéis de massa folhada –, a abóbora em calda, as castanhas, os ovos moles, os ovos queimados, o pudim de pão de trigo, o pudim de toucinho, os queijinhos, entre outras delícias que ainda hoje são consumidas nas confeitarias, nas casas, nas festas, nas feiras e nos mercados portugueses.

Outros doces cultivados nas tradições das casas são: barriga de freira, broa de milho de Santa Clara, cavacas, compota de maçã à portuguesa, creme de abadessas, fatias de ovos, manjar real à portuguesa, pão de ló fofo, pão de ló torrado, queijinho de amêndoas, rabanada e sopa dourada à portuguesa.

DOCES DA BAHIA

Doces artesanais, doces industrializados, doces comemorativos e autorais, doces para cultuar santos, pagar promessas, reunir os amigos, e assim viver rituais de sociabilidade.

As receitas de doces são heranças de família. Tantos doces que convivem na memória e na tradição brasileira são criados para atender aos desejos e às realizações estéticas. Pois ver o doce, interpretá-lo pela forma, pela cor e pela textura; as maneiras de servi-lo – louça, barro, prata, vidro, cristal, porcelana, papel de seda rendado, ou em folha de bananeira – dizem sobre os momentos, as culturas, o cotidiano ou o tempo das festas.

Esses cenários mundializados marcam um importante doce da Bahia, a "cocada" – a branca e a preta, vistas em diferentes formatos e interpretações. "Comer" uma cocada é comer a Bahia, pois o que é doce tem vocação de trazer boas lembranças. As lembranças são doces, são boas. Boas e doces lembranças da Bahia.

> Um costume conservado de Lisboa do século XVI foi o de negras com panelas, balaios e tabuleiros de doce, que saíam pelas ruas do Rio, da Bahia, do Recife, apregoando seu alfeolo, seu alfenim, seu doce. Também o de venderem o seu cuscuz ou seu arroz doce [...]. (Freyre, 1969, p. 93)

As receitas e os estilos de comidas doces a seguir são todos feitos com base na massa de carimã, ingrediente que nos chega da mandioca.

Bolo de carimã Massa de carimã enxuta, manteiga, ovos e açúcar refinado. Nessa receita, destaque para a água de flor de laranjeira, marca da cozinha do Magrebe afro-islâmico, tão presente na mesa baiana. Pode-se ainda acrescentar o bagaço de coco.

Cuscuz de carimã A massa de carimã é desmanchada na mão, e a ela se acrescenta o bagaço de coco, além de açúcar e sal. Segue, então, para o cuscuzeiro, no qual será cozida no vapor. Serve-se o cuscuz regado com leite de coco grosso.

Mingau de carimã A massa de carimã é espremida e passada na peneira; então, é dissolvida no leite de coco. Com água, o bagaço vai ao fogo, temperado com sal, canela, água de flor de laranjeira e cravo-da-índia. Quando estiver fervendo, coloca-se o açúcar; quando começar a cheirar, acrescenta-se a massa de carimã. Mexendo sempre, complementa-se com leite grosso do coco. Serve-se com canela em pó.

Bananas são consideradas todas as espécies híbridas entre a *Musa balbisiana* e a *Musa acuminata*.

Há um grupo de bananas conhecidas como "bananas-pão", que são comidas apenas assadas ou cozidas da mesma forma que o inhame ou a batata-doce.

Crê-se que as bananeiras sejam provenientes do sudeste asiático. Na Índia, por exemplo, onde são chamadas "bananas-figo", seu cultivo está presente há mais de 4 mil anos.

Tudo parece indicar que os portugueses conheceram a bananeira no Mediterrâneo ou na costa africana; destaque para as ilhas de Cabo Verde e de São Tomé e Príncipe, e para os tipos de banana dessas regiões que chegaram ao Brasil.

A banana é uma fruta profundamente identificada com a mesa brasileira, mesa de forte expressão tropical. Assim também é a mesa baiana, marcada pelas frutas tropicais que integram suas variadas receitas.

O costume de acompanhar a quiabada com banana-prata, além do feijão, é uma entre tantas maneiras de trazer a banana à nossa mesa.

Há, ainda, o godó de banana, ensopado feito com banana-nanica verde.

Destaque também para a banana-da-terra, que integra as receitas dos cozidos tradicionais, juntamente com legumes, carnes e embutidos.

A seguir, alguns estilos de se preparar bananas de vários tipos.

Banana-d'água cozida A banana, bem madura, é cozida e depois polvilhada com canela e açúcar. Pode-se servi-la como merenda ou no café da manhã.

Banana-prata cozida Cozinha-se a banana-prata verde na água e sal. Serve-se no café da manhã.

Banana-de-são-tomé assada Depois de assada, descascada e amassada, a banana-de-são-tomé é servida com mel de abelha e canela. É considerada uma comida forte, da categoria de sustança.

Banana-da-terra frita A banana-da-terra é cortada em rodelas e frita no azeite doce, no azeite de dendê ou mesmo no toucinho. Depois é servida com açúcar e canela.

Banana-da-terra cozida Cozinha-se a banana com a casca em água e sal, até estufar. É servida quente e acompanhada de café.

Banana seca Banana bem madura, de diferentes tipos, pode ser usada. As bananas são levemente amassadas e, em seguida, levadas para o sol. Depois de bem secas, adiciona-se açúcar.

Doce de banana de rodelinha ou de rodinha As bananas, geralmente da variedade prata, são cortadas em rodelinhas, ou "rodinhas", e cozidas; depois, ganham uma calda de açúcar feita com cravo e canela em pau, para adquirirem aroma e cor especiais. É um doce bastante apreciado na mesa baiana.

COMIDAS DOCES COM MILHO

O milho, *Zea mays* L., é um cereal americano que se espalhou pelo mundo em tantas variedades, que hoje forma uma das mais importantes bases das nossas mesas regionais.

Muitos pratos doces tradicionais da mesa baiana são feitos com milho ou com seus produtos; a seguir, alguns deles.

Fubá com açúcar A pipoca do milho de tipo especial, popularmente chamado de "milho-alho", é bem torrada e depois transformada em pó – fubá – que se mistura ao açúcar. É um tipo de paçoca para se comer de colher.

Lelê ou lelê de milho Ferve-se o leite de coco com canela, cravo, sal e açúcar. Quando começar a cheirar, junta-se o milho do tipo "quebradinho", mexe-se e deixa-se cozinhar. Pode ser complementado com gotinhas de limão e raspas de coco. Geralmente é enformado, no que se assemelha a um bolo. O lelê integra também o tabuleiro da baiana.

Canjica Um prato emblemático da cozinha nordestina que marca o ciclo junino. É a tão apreciada canjica de milho verde com coco.

Desfolham-se as espigas e se limpa toda a "barba" (estigma); debulha-se e tritura-se na pedra de mó – pilão de pedra –, no pilão tradicional de madeira ou em máquina apropriada. Também se pode passar a espiga no ralador. A massa de milho é peneirada várias vezes.

Rala-se o coco e se retira o leite grosso; reserva-se. Depois, da mesma polpa se retira o leite pela segunda vez e tempera-se com sal, açúcar, manteiga e água de flor de laranjeira. Leva-se ao fogo para ferver e se acrescenta a massa de milho; espera-se que tome ponto de canjica, e então se acrescenta o leite de coco grosso, mexendo sempre para não pegar no fundo.

Para se conhecer o ponto da canjica, deve-se proceder da seguinte forma: numa vasilha com água fria, pinga-se a canjica; se ela dissolver, ainda está crua. Outra forma é: no fundo de uma vasilha rasa (um pires), pinga-se a canjica e deixa-se esfriar; então inclina-se a vasilha; se a canjica escorrer e deixar o lugar limpo, está cozida.

Cozida a canjica e adicionado o leite de coco, retira-se do fogo e despeja-se em travessas de louça, tabuleiros de folha de flandres ou em outro tipo de recipiente para quantidades generosas de comida.

A canjica bem-feita é fina, vidrada, e treme na faca quando é cortada. Tem a consistência da geleia. Quando o milho está muito verde ou leva muito coco, costuma ficar mais cremosa. Somente a prática, quer dizer, a "mão de cozinha", fará com que se chegue ao ponto ideal da canjica. O saboroso complemento é a canela em pó, que é colocada sobre a canjica; muitas vezes se fazem desenhos com a própria canela em pó, geralmente estrelas, flores e letras, entre outros.

A cultura dos bolos integra as comidas doces. Bolos simples, bolos do dia a dia; bolos de celebração, mais elaborados, recebem glacê de açúcar, com a arte da confeitaria. O bolo promove e celebra os rituais de sociabilidade e marcam diferentes ritos de passagem.

O bolo está no café, no lanche ou na merenda, sendo em si um motivo para encontros, reuniões, tanto para "provar" novas receitas quanto para conhecer as tradicionais.

São tantos os bolos que formam o rico cardápio da Bahia: bolinhos de araruta, bolo bem-bem, bolo de iaiá, bolo-divindade

A sua base é geralmente farinha de trigo, ovos, leite e açúcar; porém há outros estilos que caracterizam as assinaturas das "boleiras" da Bahia, como os bolos feitos com aipim ou carimã.

Bolo de aipim O aipim é ralado e espremido num pano, conforme orienta a cozinha artesanal. Acrescenta-se o açúcar e o leite de coco. Batem-se as gemas de ovos com a manteiga; mistura-se tudo e acrescenta-se fermento. Assa-se em forma ou tabuleiro.

Bolo republicano Derrete-se o açúcar com a manteiga e, depois de frio, bate-se juntamente com os ovos. Adiciona-se o carimã e o leite de coco. Na hora de ir para o forno, acrescenta-se queijo ralado fresco e fermento.

Nas receitas que possibilitam e conservam memórias familiares estão as inúmeras maneiras de utilizar e interpretar as frutas para doces. São doces em calda, em pasta, doces para rechear tortas, bolos, entre outros usos e estilos.

Doce de laranja-da-baía Faz-se uma calda de açúcar em ponto de fio com cravo-da-índia e se acrescenta a laranja-da-baía. Cozinha-se bem, até apurar.

Doce de laranja-da-terra A casca da laranja é aferventada; depois, é cozida com açúcar, cravo e canela. A calda do açúcar deve estar em ponto de fio. Essa é uma receita muito tradicional da doçaria baiana.

Doce de mamão O mamão verde é aferventado e depois ralado. Na sequência, o mamão é misturado com açúcar, cravo e canela, e levado ao fogo para ser cozido. Pode-se também adicionar raspas de coco.

Doce de caju Os cajus são colocados em uma vasilha com água e limão para manter a cor original da fruta. Então, são espremidos, e o suco é fervido. Com esse suco, faz-se uma calda grossa de açúcar, juntamente com cravo e canela. A "carne" do caju é misturada a essa calda.

Doce de abacaxi O abacaxi é cortado em rodelas ou ralado; a seguir, é cozido com açúcar, cravo e canela, numa calda em ponto de fio.

Doce de abóbora A abóbora é aferventada e levemente amassada. Na sequência, a massa é cozida com açúcar, de preferência mascavo, e leite de coco. Depois se acrescentam ovos, manteiga, sumo de limão, água de flor de laranjeira e vinho do Porto tinto. A calda de açúcar ideal para esse doce é a de ponto de pasta.

Doce de araçá Os araçás são aferventados com casca; adiciona-se a eles rapadura, além de cravo-da-índia; a seguir, vão para o cozimento, durante o qual o doce adquire a consistência de massa.

Doce de tamarindo Cozinha-se a rapadura com o cravo na água, até o ponto de fio; na sequência, colocam-se os frutos. Quando chegarem à consistência de massa mole, o doce está no ponto ideal para ser consumido. O doce de tamarindo também está presente no tradicional tabuleiro da baiana, no qual é geralmente servido em gamela de madeira.

Doce de cajá As frutas são aferventadas; depois, é feita uma calda grossa com rapadura, cravo e canela, à qual são adicionados os cajás.

Siricaia da Bahia É feita com gemas, rapadura ou açúcar mascavo, manteiga, leite de vaca ou de coco e baunilha. Batem-se os ovos juntos com a manteiga. O leite é fervido com a rapadura ou o açúcar e a baunilha. Então, mistura-se tudo e se coloca a massa em forminhas untadas com manteiga, que seguem para assar no forno.

Alféloa A rapadura é posta para ferver. Quando derreter e tomar o ponto de pasta, retira-se do fogo. Com as mãos, trabalha-se a massa para modelar pequenos canudos.

Fufu A casca do coco seco, devidamente limpa, vai ao forno para torrar; depois é pilada até se transformar num fubá. Então, o fubá é misturado com o açúcar. É um excelente acompanhamento para o café.

Aponom Prepara-se, segundo as receitas tradicionais, uma cocada com coco verde, no ponto mole, acrescentando-se cravo. Depois se junta farinha do reino, ou seja, farinha de trigo. Porções dessa massa são colocadas em tabuleiros e seguem para assar.

Amigueiro É feito com gemas, coco ralado, manteiga, farinha do reino e açúcar. Bate-se o açúcar com as gemas e coco ralado. Mistura-se com a manteiga e a farinha e, finalmente, com o leite de coco. Coloca-se a mistura em forminhas, que são levadas para assar no forno.

Amoda Uma rapadura do tipo puxa, ou então o açúcar mascavo, é derretida em água fervente. Leva-se ao fogo para adquirir liga. Joga-se um pouco de canela em pó, retira-se do fogo e se adiciona farinha de mandioca. Espalha-se a massa em tábua untada de manteiga, passa-se um rolo para uniformizar a superfície; corta-se em quadradinhos, como uma cocada, e pulveriza-se com gergelim. É um doce tradicional baiano que integra o tabuleiro, juntamente com a cocada, o abará e o acarajé.

Tortinhas bem-bem São feitas a partir de farinha de arroz, leite de coco, açúcar e sal. Vai ao fogo, mexendo-se sempre. Juntam-se ovos batidos, noz-moscada e vinho do Porto tinto. Depois, farinha do reino para dar liga. A massa é colocada em forminhas untadas de manteiga e segue para assar no forno.

É DO COCO, É DA COCADA

Nada melhor, e paradisíaco, do que uma água de coco tomada no seu frescor natural e na própria "embalagem", arredondada e verde.

Das virtudes saudáveis à apologia nutricional, celebra-se o valor da água de coco. Também da sua polpa, muitas vezes chamada de "laminha", aquele creme que é retirado após abrir o coco; assim, com o uso de um pedaço da própria casca, servindo como colher, são feitas verdadeiras prospecções arqueológicas em busca de mais algum elemento saboroso.

Coco, tão nosso, tão brasileiro, do litoral atlântico, é, contudo, asiático em procedência, do outro lado do mundo, possivelmente da Índia.

O coqueiro, da espécie *Cocos nucifera* L., é conhecido entre os orientais como a planta providencial, porque dela tudo se utiliza: para alimento, para vestuário, na arquitetura, no artesanato, além de muitos outros usos.

Apesar da ocorrência do coqueiro no litoral do Panamá quando da chegada de Cristóvão Colombo à América, foram os portugueses que introduziram essa palmeira em Cabo Verde, na África, e de lá a trouxeram para o Brasil, mais exatamente para o litoral da Bahia, daí ser popularmente chamada de coco-da-baía.

O coco é utilizado nas várias interpretações culinárias, e o seu sabor se identifica com a mesa brasileira. Mesa que valoriza as suas bases multiculturais e se afirma especialmente nos doces feitos de coco e nas interpretações da "mão-africana".

Destaque para o sabongo, receita indiana que traz ancestralidade e une coco e açúcar. Dessa mistura surge uma indicação para a receita da tão celebrada cocada. A nossa brasileiríssima cocada.

Certamente, a cocada é uma das referências mais imediatas da cozinha brasileira. A cocada é estimada de norte a sul. Recebe acréscimos, interpretações, estilos, marcas autorais: cocada de goiaba, de abacaxi, de maracujá ou de qualquer fruta, geralmente exuberantes em cor e sabor.

Cocada, tipo de doce muito popular, de venda ambulante, de tabuleiro; diga-se, do tão tradicional tabuleiro de baiana, que oferece cocada branca, cocada preta, doce de tamarindo, bolinho de estudante – a tão conhecida "punheta" –, podendo também ter lelê de milho. Um cardápio doce para compor o imaginário da comida identitária. São muitos os estilos das cocadas, com destaque para as receitas a seguir.

Cocada morena de abacaxi Mistura-se o abacaxi com açúcar mascavo, cravo e coco ralado. Deixa-se cozinhar até atingir o ponto desejado, quer dizer, o ponto de uma cocada mole, e então pode-se comer.

Cocada mole de compoteira Feita de coco ralado, cravo e açúcar. Tudo é cozido em pouca água. Quando estiver tomando ponto, põe-se um pouco de farinha do reino – farinha de trigo – para engrossar. Retira-se do fogo ao atingir o ponto de pasta. Doce mole, de comer de colher, seu principal utensílio é a compoteira, que possibilita ver o doce, considerando que a sua aparência estética dá também sabor.

Cocada preta Feita com coco bem seco e rapadura ou açúcar mascavo. Ferve-se o coco com cravo e pouca água, mexendo sempre para açucarar e, então, adquirir o ponto e a cor desejada.

Cocada puxa Feita com coco ralado, rapadura e cravo. Derrete-se a rapadura e junta-se o coco ralado, voltando ao fogo com o cravo. Mexe-se a cocada até começar a pegar na colher.

Cocada de araçá Os araçás são descascados e, sem retirar as sementes, são levados ao fogo para cozinhar com o coco ralado, cravo e açúcar, até adquirir o ponto de cocada.

Cocada de mamão verde O mamão verde é ralado e aferventado. Na sequência, é misturado com o coco ralado, cravo e açúcar. Tudo é cozido até atingir o ponto desejado, que é úmido, próprio para ser servido em compoteira. Uma cocada de colher, uma cocada mole.

Mesa baiana: mesa de matriz africana

Ògún sékórè ndé ó sékórè.[2]

Texto sagrado iorubá.

<hr>

[2] "Ogum chegou para fazer a colheita".

O gosto gostoso afrodescendente

Pode-se caracterizar a culinária/cozinha de presença e de matriz africana no Brasil como adaptativa, criativa e legitimadora de muitos produtos/ingredientes africanos e não africanos, que foram incluídos tanto nos diversos cardápios regionais quanto em outros, de presença nacional.

O paladar, as receitas, os temperos, as maneiras de fazer e de servir da predominante população afrodescendente são construídas em um longo processo histórico, econômico, social e cultural.

As trocas e os intercâmbios ocorrem, inicialmente, pela mão do homem português, um grande distribuidor de alimentos entre o Ocidente e o Oriente, nos séculos XVI, XVII e XVIII.

Embora europeu, o homem português que chega ao Brasil é um homem africanizado, civilizado por povos do norte da África, pela civilização do Magrebe, vista a marcante presença mouro-muçulmana por mais de sete séculos na península Ibérica.

Assim, pode-se afirmar que a África chega ao Brasil por duas vertentes, fazendo com que a formação do nosso povo seja "biafricana". A primeira marca da África na península Ibérica é a presença moura, entre os séculos VIII e XV; e a segunda, a partir do século XVI, o hediondo tráfico de homens e mulheres em condição escrava, por mais de 350 anos.

Vê-se, então, que Portugal acumulou uma rica experiência social e cultural no continente africano por um período de mais de dez séculos, ou seja, mil anos.

A população africana chega ao Brasil – mais de 4 milhões de seres humanos trazidos em condição escrava – para trabalhar nas grandes plantações de cana-de-açúcar, tabaco, café, e nas minas de ouro e diamante.

Os africanos são também chamados "negros da costa", numa designação geral que compreendia o golfo do Benin, a África centro-atlântica e a África oriental.

Do mesmo modo, os produtos que chegam da África são chamados "da costa" – costa africana, costa dos escravos; já os que chegam por intermédio de Portugal, vindos não necessariamente da Europa, mas principalmente do Oriente, são chamados "do reino"; enquanto os produtos nativos são chamados "da terra".

Assim, são combinados alimentos/condimentos "da terra", "da costa" e "do reino", formando um processo abrangente de interpretações pela boca, pelo gosto e principalmente pelas possibilidades econômicas e ecológicas de uma ampla cozinha multicultural.

Manga, jaca, fruta-pão, carambola, coco, entre outras frutas que vêm do Oriente, aqui se integram às frutas "da terra", marcando territórios específicos de sabores e diferentes usos nos hábitos alimentares. Pois as "cozinhas" revelam receitas tradicionais e principalmente processos de criação e de interpretação, sobretudo pela "mão africana", e, sem dúvida, a cozinha baiana é profundamente afrodescendente.

Um dos mais notáveis emblemas da África à mesa baiana é o azeite de dendê, extraído do dendezeiro.

A área de ocorrência do dendezeiro vai desde a região de São Luís (Saint-Louis), no Senegal, até o sul de Benguela, em Angola, estendendo-se para o vale do Zaire e chegando ao lago Vitória, na porção oriental do continente africano.

O dendê é uma árvore sagrada para alguns povos da África, como os Iorubá, por exemplo, que a denominam *igí-opé*.

O azeite ou óleo de dendê tem vários nomes, entre os quais "azeite de cheiro", "epô", "dendém", e está presente tanto em pratos originalmente africanos, quanto em outros criados pelo africano no Brasil.

Falar de um alimento reconhecidamente africano, em sua procedência, e afrodescendente, em sua subsistência, é falar do tão celebrado acarajé, certamente um dos alimentos de maior representatividade da culinária afro-baiana: um bolo feito de feijão-fradinho, cebola, sal e frito no azeite de dendê.

Além disso, o acarajé marca uma atividade econômica e social – especialmente na Bahia – que persiste desde o Brasil colonial e escravocrata: a venda de alimentos em banca ou em tabuleiro. Destaque para o importante papel histórico da mulher afrodescendente não apenas na culinária, mas também com os chamados "ganhos" ou "vendas" de rua, que aconteciam em muitas cidades e vilas de grande concentração de negros, principalmente nos séculos XVIII e XIX.

Nesse contexto, a cidade do São Salvador se destaca com as comidas de rua, e também com as comidas dos terreiros de candomblé e as das casas, cujas receitas mantiveram os ingredientes e os processos culinários reconhecidamente de matriz africana.

Vendiam-se nas ruas e praças da cidade do São Salvador e de outras cidades do Recôncavo não só comidas salgadas e doces, mas bebidas como o vinho de dendê, também chamado "emu", ou "malafo", além dos mingaus, alimentos quase líquidos que ainda hoje são comercializados nas ruas.

A atividade econômica da mulher de comercializar alimentos é até hoje um símbolo de trabalho e, cada vez mais, de independência da própria mulher como mantenedora da casa e da família.

As comidas de rua eram mais variadas; contudo, os hábitos domésticos assumiram o papel de manter receitas, sobretudo as dos dias de festa, marcadas pelo dendê e comumente chamadas de "comidas de azeite". Em especial, os cardápios da Semana Santa, com vatapá, caruru, feijão de azeite, efó, entre tantas outras delícias.

Outro importante espaço guardião da culinária africana no Brasil está nos terreiros. Terreiros de candomblé, de tambor de mina, de batuque, de xangô, entre outros, que têm na cozinha sagrada e cerimonial um importante ponto de contato com povos e culturas da África.

Assim, convivem na Bahia receitas e alimentos memoriais, além de outros criados e transformados pela afrodescendência.

Muitos ingredientes que aparecem nos terreiros também são utilizados nas casas: quiabo, camarões defumados, azeite de dendê. E também receitas: o caruru, por exemplo, que celebra a festa familiar e devocional com o famoso "caruru dos Ibejis", ou "caruru de Cosme", mantendo a mesma receita e a mesma finalidade religiosa nas casas e nos terreiros.

O caruru é um banquete que se faz acompanhar de outras iguarias, como o vatapá, o abará, o acarajé, o feijão de azeite e os diferentes doces.

Além do dendê, a popular malagueta também traz a África apara a mesa baiana. Pontua diferentes molhos e integra pratos à base de peixe, ave, carne bovina, além de receitas de feijões, pirões, entre outras opções de vivenciar paladares que oferecem experiências de séculos de cultura e civilização.

Fruto africano, a malagueta é também chamada de "pimenta-da-guiné", conhecida desde o período medieval na Europa como "grão-do-paraíso".

Pela abundância dessa especiaria na porção ocidental do continente africano, por muito tempo se chamou a costa africana – região que compreende o golfo da Guiné – de "Costa da Malagueta".

Tão africano quanto o azeite de dendê é o inhame, que aparece nas cozinhas, nos mais variados usos. O nome "inhame" refere-se geralmente à espécie *Colocasia esculenta,* embora designe também outras espécies do gênero *Colocasia* e dos gêneros *Dioscorea, Alocasia* e *Xanthosoma.*

A marca de sua procedência africana está nas diversas denominações dadas a esse tubérculo no Brasil: "inhame-da-costa", "inhame-de-angola", "inhame-da-áfrica", "inhame-do-egito", "inhame-de-são-tomé".

O inhame é a base para diferentes cardápios de matriz africana, usados tanto nas liturgias dos terreiros, quanto nas refeições cotidianas, juntamente com a farinha de mandioca, entre outros.

O maior produtor de inhame, no mundo, é a Nigéria, país da África ocidental, berço dos Iorubá-Nagô.

Dois legumes africanos também estão perfeitamente integrados à mesa brasileira: o quiabo – também chamado "guingombô", ou "gombô" – e o jiló.

O quiabo forma a base de uma comida sagrada do candomblé chamada "amalá", prato dedicado ao orixá Xangô e complementado com purê de inhame temperado com azeite de dendê e pimentas, muitas pimentas.

O amalá é servido numa grande gamela de madeira, guarnecida esteticamente com bolas de inhame – acaçás – ou de arroz – ajojós –, além de quiabos inteiros.

Outro exemplo da culinária afrodescendente é o cuscuz, prato do Magrebe muçulmano que integra o hábito alimentar de milhões de brasileiros.

Feito originalmente de farinha de arroz, trigo ou sorgo, o cuscuz é complementado com manteiga, tâmaras, carnes caprina e ovina, além de legumes.

Adaptado, o cuscuz brasileiro, especialmente o do Nordeste, é feito com farinha de milho. Como prato doce, sua receita inclui, além da farinha, o leite de coco, o leite de vaca e o açúcar. Como prato salgado, o cuscuz geralmente acompanha o café, mas em outras regiões do Brasil é uma iguaria dos dias de festa, complementada com peixe, legumes e ovos.

Outros exemplos de pratos de matriz africana são os chamados "pratos moles", como o vatapá, os pirões de farinha de mandioca e o angu – *anfunge* ou *funge* –, que recebe, em algumas receitas, miúdos e carne de porco, além de verduras.

Essas receitas trazem as memórias dos povos africanos. São trocas, falas simbólicas e falas nutritivas que atravessaram o Atlântico para fazer a comunicação entre a costa da África e a costa do Brasil.

A farinha de mandioca e outros produtos "da terra", como a cachaça e o tabaco, transformaram os cardápios e os hábitos, ao ser introduzidos no continente africano. Esses produtos eram muitas vezes usados como moeda de troca no escambo praticado entre traficantes e apreendedores de negros, para trazê-los na condição de escravos ao Brasil.

A comida vai muito além da boca. Une, reúne. Congrega laços comuns, e isso se chama identidade, ter uma identidade.

Assim, uma das referências mais marcantes de uma ampla e plural identidade afrodescendente dá-se pela comida, pela escolha dos temperos, pelo modo de preparar, servir e usar os ingredientes.

A comida é uma linguagem que expressa forte presença identitária de uma sociedade regional, nacional.

Abará, abarém, acaçá, acarajé, afurá, aluá, amori, ambrozô, anduzada, anguzô, aponom, erã paterê, arroz de hauçá, axoxô, badofe, bambá, bobó, caruru, curu, cuxá, denguê, fufu, omolucum, ipeté, latipá, lelê, mungunzá, oguedê, olubó, quibebe, quibombó, quimana, quiçamã, quitandê, vatapá, xinxim.

Essa cozinha está na Bahia, está nas mesas, está nos pejis dos candomblés. Essa cozinha está nos tabuleiros, nas memórias de milhares de pessoas que vivem esses sabores, essas experiências gastronômicas que preservam e ampliam os significados de cada ingrediente, de cada realização estética dos pratos, tornando a escolha dos sabores um exercício de pertencimento. De pertencer à Bahia.

O dendezeiro

DE COSTA A COSTA

A *Elaeis guineensis* L., chamada "palmeira-dendém" – um entre tantos nomes do dendezeiro –, é originária da costa ocidental africana. A planta da família das arecáceas tem inflorescências masculinas e femininas separadas, crescendo, uma ou outra, na axila das folhas.

Na África, as populações nativas recorrem ao dendezeiro desde os tempos mais remotos, e, sem dúvida, é ainda hoje a mais importante palmeira africana, fundamental para a economia do continente. Dele se retira a matéria-prima utilizada para os mais diversos fins. Suas folhas adultas servem para fazer coberturas de habitações, e as mais tenras são consumidas como alimento (palmito); das sementes é extraído um óleo (palmiste) usado na alimentação e na fabricação de sabões; com sua seiva se faz o vinho de palma, ou vinho de dendê; e da polpa do fruto se produz o azeite de dendê, ou óleo de palma, de amplo uso na culinária, na iluminação das casas, entre outros.

A introdução da palmeira-dendém na América ocorreu no tempo da escravatura, graças aos barcos que traziam os negros em condição escrava das costas africanas, de onde a planta era nativa e cujos frutos já eram utilizados na alimentação. Essas embarcações teriam transportado os frutos e as sementes da planta.

Na Bahia, a chegada e a permanência do dendezeiro marcam até hoje um rico acervo culinário identificado com o azeite de dendê, nas chamadas "comidas de azeite", que reúnem muitos pratos tradicionais da mesa baiana. O dendezeiro é considerado subespontâneo na região.

Atualmente, o cultivo da palmeira-dendém na América tropical encontra-se em expansão, em virtude do grande aproveitamento industrial do óleo de palma, o que fez aumentar sua produção, especialmente no Brasil, na Colômbia e em alguns países da América Central. Quando cultivado em boas condições, o dendezeiro é considerado a oleaginosa que produz as quantidades mais elevadas de óleo por hectare plantado.

O dendezeiro constitui uma das culturas mais importantes em sua região natural, a costa africana ocidental, que inclui Guiné-Bissau, São Tomé e Príncipe e Angola. Em Angola, na costa norte e ocidental, a cultura estende-se até o sul de Benguela.

O avanço técnico da cultura da palmeira intensificou-se nos países ecologicamente favoráveis na região ocidental e oriental do continente africano, bem como na América do Sul.

A produção de óleo de palma, quase exclusivamente originária dos países em desenvolvimento, onde três quintos da produção são consumidos localmente e o restante é exportado, destina-se principalmente à indústria de margarinas, de biscoitos e de cosméticos.

A culinária/cozinha de formação africana no Brasil tem caráter adaptativo, criativo e legitimador de muitos produtos-ingredientes africanos, e mesmo não africanos, de uso consagrado tanto em cardápios regionais quanto em outros de presença nacional.

A formação do paladar, a criação das receitas, dos temperos e das maneiras de fazer e de servir são resultado de longos processos – histórico, econômico, social e cultural – de influência da matriz africana.

Nesse contexto, destaca-se o dendê, que passa a orientar um amplo sistema alimentar representativo das identidades de povos do continente africano no Brasil. O dendê está presente em alguns pratos na Amazônia, no Nordeste – principalmente na Bahia – e em outras regiões do Brasil.

Conhecido na África por diferentes nomes, o dendê assume marcante função social e econômica em extensas áreas desse continente. No lado ocidental do continente africano, por exemplo, ele tem várias designações: *ade-quoi* e *adersan*, na Costa do Marfim; *abobobe*, em Gana; *de-yayá, de-kla, de-ghakun, votchi, fade* e *kissede*, no Benin; *epò*, na Nigéria; *di-bope* e *lissombe*, na República dos Camarões. Em Angola, é conhecido por "dendém", palavra proveniente do quimbundo e da qual se originou o nome "dendê".

Também no Brasil, o dendê recebe vários nomes, o que demonstra a sua popularidade, sobretudo no Recôncavo da Bahia, no Rio de Janeiro e no Recife: "azeite de cheiro", "epô", "óleo", "óleo de dendê", "azeite de dendê", "óleo de palma" ou, simplesmente, "azeite".

O dendê, em cor, cheiro e sabor, é um marco civilizador de uma África que se esparramou e formou um amplo e rico imaginário, a nos dar referências da nossa identidade afrodescendente.

O COMÉRCIO DO DENDÊ

O comércio entre África e Brasil foi o fator econômico decisivo para a entrada e a fixação do dendê na então colônia. As relações comerciais entre o Brasil e a costa ocidental africana foi marcada especialmente pelo escambo de produtos nativos. Os "negreiros" – navios que transportavam os africanos em condição escrava – levavam para os portos africanos farinha de mandioca, fumo-de-rolo, rapadura e aguardente de cana sacarina (cachaça), que serviam como moeda de troca para o azeite de dendê e para trazer mais africanos em condição escrava para o Brasil.

Já em meados do século XVIII havia escassez de dendê no Brasil, em virtude do alto consumo do produto, principalmente pela numerosa população de procedência africana. Assim, houve necessidade de importar grandes quantidades do azeite da costa africana, o que fez ampliar o comércio costa a costa.

> Em 1759, na Bahia, Antonio Caldas informava que o comércio frequente do dendê, entre a Costa da Mina e o Brasil, era intenso, provando a falta de dendezeiros que atendessem às necessidades do consumo. Vilhena afirma que, no ano de 1798, entraram na Bahia mil canadas de azeite de dendê, oriundas da Costa da Mina e quinhentas canadas da ilha de São Tomé, perfazendo, aproximadamente, 4 mil litros. A grande área de produção do dendê, da costa africana estende-se de Angola até Gâmbia. (Carneiro, 1964, p. 73).

Ainda sobre o comércio do dendê, informa Edison Carneiro:

> O dendê constitui um dos poucos resultados benéficos do comércio negreiro com a África, pois fornece um óleo ou azeite de grande riqueza em provitaminas A. Não o trouxeram os escravos, mas os traficantes. Parece viável a suposição de que os primeiros indivíduos dessa espécie vegetal tenham vindo da Costa da Mina: era dos melhores o óleo que se adquiria no porto de Lagos, escoadouro da maior produção mundial – a da atual Nigéria [...]. (*Ibid.*, p. 72)

Sem dúvida, os vários produtos oriundos do dendezeiro foram preservados e ampliados em uso pelas populações de africanos em condição escrava, pelos crioulos, e por outros afrodescendentes; assim como o azeite de dendê foi introduzido na mesa colonial, destacando-se entre outros pratos o caruru e o vatapá.

O azeite de dendê marca a cozinha baiana do Recôncavo, e também se estende pela costa brasileira, permanecendo em muitos cardápios à base de peixe, quiabo, folha de taioba, e, em especial, nas farofas, com a mistura da farinha de mandioca.

DENDÊ: A MARCA DO SAGRADO

O dendezeiro e o seu azeite são fundamentais para os rituais religiosos do candomblé, do xangô e do tambor de mina. O seu uso mostra a imediata relação entre o continente africano e a seiva que forma paladares e receitas.

Pela comida se estabelecem os mais profundos elos com os orixás, os voduns, os inquices e os antepassados.

O dendê, nos cardápios sagrados, é utilizado para untar as pedras e as ferramentas dos deuses nos pejis – santuários.

Esse azeite ritual é tradicionalmente feito com técnicas artesanais. Costuma-se dizer, na Bahia, que o melhor azeite é o da flor do dendê, o mesmo usado nas liturgias dos terreiros.

Afrânio Peixoto descreve como se faz o azeite artesanal, bem como os subprodutos que integram o imaginário do dendê:

> É da casca mole do coco que se extrai o óleo, a poder de batedeira, cafuné, pisador, expressão que separa o bagunço, o aguchó, palha residual do fruto, ainda gorda que se vende para acendalha, de acender fogo, do óleo extraído, que se deixa dormir, para decantar, separando o azeite grosso, da lama do fundo. Levado ao fogo para refinar, logo se forma à superfície o catete, espuma que se separa para concentração, pé de azeite que sobe logo e dará, na sua relativa impureza, para acepipe, preparado com sal e

pimenta. Vem à vez, à tona do xoxó, de cor branca ama-
relada, consistência de manteiga quando resfriada, banha
para cabelo... É agora a flor de azeite, o dendê, na sua
linda cor tangô, como se diz hoje, cor de urucu ou açafrão
carregada, que é encanto da vista... Na expressão a frio,
mesmo coado, passa e se decanta o bambá, resíduo branco, ou borra do azeite, que dá a farofa de bambá, apetitosa
[...]. (Peixoto, 1980, p. 81)

Para os Iorubá-Nagô, povo habitante do Benin e da Nigéria, o dendezeiro é uma árvore sagrada – o *igí-op*é – identificada com o orixá Ogum, que
na mitologia iorubá se faz representar pelo agricultor, pelo artesão ferreiro,
aquele que domina as ferramentas e as tecnologias.

As folhas desfiadas do dendezeiro, importantes nos rituais religiosos dos
terreiros, são chamadas de "mariôs", e se integram à arquitetura e às roupas
de alguns orixás. Ogum, por exemplo, veste-se das folhas tenras do dendezeiro, pois esse orixá é o próprio dendezeiro. O mariô também é utilizado
como ferramenta ritual de Iansã.

A árvore do dendezeiro é também morada e assento de Fá, ou Ifá, divindade dos vaticínios que é interpretada pelo babalaô – dito o "pai do
segredo", o responsável por estabelecer contato entre os orixás e/ou voduns
e os homens.

Assim, o dendezeiro se destaca como objeto de tradicional filolatria, como
parte da natureza sacralizada nas árvores, nos animais, nos rios, nas lagoas,
nas florestas e nas montanhas, que se unem à visão ecossistêmica do homem
e dos orixás-voduns. Na mitologia iorubá, outras árvores também são consideradas sagradas: mangueira, jaqueira, cajazeira, pitangueira e gameleira.

Todas essas maneiras de interpretar a natureza aproximam o homem do
seu meio ambiente, e nessa visão se incluem os alimentos, que também são
sacralizados, pois constituem a própria natureza representada e simboliza-
da. Por isso, a comida é considerada sagrada nos terreiros de candomblé.

A comida marca sempre as relações entre os cardápios dos deuses orixás
e os cardápios do cotidiano, que ganham as mesas das casas, os mercados,

os tabuleiros nas ruas, nas praças e nos adros das igrejas; cardápios que estão presentes nas festas mais populares, como santo Antônio, são João, carnaval, Cosme e Damião, santa Bárbara, entre outras.

Nesse forte sentimento de união entre a comida, o azeite de dendê e os orixás, destaca-se Exu Elepô, o dono do dendê.

Exu passa a ser o próprio dendê, como o dendê passa a ser Exu. Essa é uma visão fundamentalmente ética e moral, que reúne Exu e o dendê e, por extensão, o homem africano e o dendê, a África e o dendê.

O dendê pode também ser visto como o sangue africano ou aquele esperma alaranjado que jorra do profícuo e magnífico pênis de Exu – orixá essencialmente afeto à fertilidade e ao movimento; movimento das coisas da natureza e das relações do homem com a natureza.

Os feitos de Exu são contados, revelados e propalados pelos quatro cantos do mundo. Ele pode, por exemplo, carregar o óleo de dendê numa peneira sem que se derrame o líquido. É também o dono dos dendezeiros, cuja abundância dos cachos e das centenas de cocos que vicejam em cada coqueiro adulto é resultado da sua ação fértil e benfazeja.

O uso do azeite de dendê na composição de inúmeras receitas dos cardápios da Bahia é ampliado nessa compreensão sagrada, mitológica e certamente culinária, ao valorizar o azeite em cor, em sabor e, principalmente, em significado africano.

"As crioulas da Bahia
Todas têm um certo quê...
Temperam a vida da gente
Como a muqueca de dendê."
Poesia popular da Bahia.

As mulheres são especialistas na elaboração dos alimentos sagrados dos orixás, e também das comidas para a mesa dos homens e mulheres que vivem na comunidade-terreiro.

A união das pessoas que compartilham os mesmos objetivos religiosos e os mesmos sentimentos de fé é reforçada pelo ato de comer os cardápios elaborados pelas iabás, ou iabassês, que se identificam com as funções especiais da mulher na cozinha dos terreiros.

O azeite de dendê é reconhecido por ser um alimento quente; sendo assim, congrega boa parcela de orixás. A outra parcela são os orixás considerados "frios", ou seja, aqueles cujo cardápio que não utiliza o dendê, a exemplo dos orixás *fun-fun*, ou orixás brancos.

O dendê é quente, tem cor forte, sabor preciso e único; e o povo do santo assume as suas características físicas, que se refletem na ética, na hierarquia, no comportamento, nas posturas, na gestualidade, no vocabulário, nas tendências, nas estéticas particulares que somente reforçam o ideal africano fundado no que vem do dendê.

São amplos e diversos os cardápios marcados pelo uso do azeite de dendê que confere cor, estética, reconhecimento étnico e de matriz africana, e, em especial, sabor. Muitas das receitas com dendê são as mesmas que ocorrem nas cozinhas dos terreiros, e outras são peculiares das casas, das feiras, dos mercados e dos restaurantes. Outras ainda têm as suas identidades relacionadas ao tabuleiro – a venda de comida na rua.

São cardápios do cotidiano e do tempo das festas. São cardápios que identificam essa rica cozinha do Recôncavo, que é emblemática dentro da compreensão de uma gastronomia baiana.

Cardápios de azeite Abará • Acarajé • Amalá • Amori • Arroz de hauçá • Axoxó • Bobó de camarão • Caruru de azedinha • Caruru de bredo • Caruru de quioiô • Caruru de vinagreira • Caruru • Doboru • Ebô • Efó • Eguedé • Farofa amarela • Farofa de azeite • Farofa de bambá • Latipá • Milho de Iemanjá • Moqueca de aratu • Moqueca de bacalhau • Moqueca de bebe-fumo • Moqueca de camarão • Moqueca de carangondé • Moqueca de carne verde • Moqueca de carne-seca • Moqueca de fato • Moqueca de folha • Moqueca de maturi •

Moqueca de miolos • Moqueca de ostras • Moqueca de ovos com camarão seco • Moqueca de peixe em postas • Moqueca de peixe salgado • Moqueca de peixe miúdo • Moqueca de pititinga • Moqueca de pitu • Moqueca de siri-mole • Moqueca de sururu • Omolocum • Peixe frito no azeite de cheiro • Vatapá de bacalhau • Vatapá de galinha • Vatapá de peixe • Xinxim de bofe • Xinxim de galinha

Sem dúvida, o acarajé é o alimento mais emblemático dessa ampla cozinha que nasce do dendê, consagrando-se na mesa dos homens e na mesa dos deuses.

Como prato ritual, o acarajé, ou acará, é uma massa de feijão-fradinho pilado, frita em muito dendê e modelada com a colher de pau, em diferentes tamanhos, conforme o orixá ao qual se destina: Iansã, Xangô, Obá, Euá ou Oxumaré. É também uma comida do dia a dia, muitas vezes complementada com camarões secos e um pouco de vatapá, prática completamente estranha ao hábito alimentar tradicional relativo à cozinha dos orixás.

EMU, O VINHO DE DENDÊ

Além dos usos convencionais do dendezeiro para as as mais diferentes finalidades gastronômicas, dele se extrai também a seiva, com a qual se faz um vinho conhecido como "emu", "vinho de dendê", ou "vinho de palma".

Embora hoje esteja ausente da mesa afro-brasileira, esse vinho era comercializado, até o começo do século XX, nos tabuleiros e bancas das "vendedeiras de rua", sendo uma bebida bastante apreciada como acompanhamento dos muitos quitutes ali expostos.

A ialorixá Eugenia Anna dos Santos – Aninha –, fundadora do Ilê Axé Opô Afonjá, da cidade do São Salvador, Bahia, por ocasião do II Congresso Afro-Brasileiro, ocorrido em 1937 nessa cidade, contribuiu com um comunicado sobre os cardápios desenvolvidos no seu terreiro. Entre os muitos pratos e bebidas do seu receituário, a ialorixá menciona o *emún*, segundo ela, "bebida africana feita com dendê". O emu era também chamado de "marafo", ou "malafa", nomes que acabaram designando a cachaça destinada a Exu nos terreiros de candomblé.

A maneira de extrair a seiva para se fazer o vinho de palma se dá por meio de uma incisão na parte superior do espique ou logo abaixo da inserção das espatas do dendezeiro. A seiva, branquicenta, espumante e de gosto agridoce, é fermentada por um dia, transformando-se em álcool etílico.

Hoje desaparecido dos rituais religiosos dos terreiros e das vendas de rua, o vinho de dendê é apenas memória. Os candomblés e xangôs limitam-se a usar algumas bebidas de função litúrgica, como o aluá – bebida feita de milho, rapadura, gengibre e água – e a cachaça para os Exus. Há ainda outras bebidas preparadas para fins específicos de iniciação e de outras ocasiões da vida dos terreiros.

AINDA O AZEITE

O dendê é um marco da civilização, da história, e também da contínua reinvenção nas cozinhas, as quais vão buscar, a partir das memórias arcaicas do povo africano, as receitas tradicionais, ou mesmo criar as bases para uma "nova cozinha".

O dendê é uma referência dos cardápios de matriz africana no seu reconhecimento estético e simbólico e, sem dúvida, de imediata relação com a mesa baiana. Para a boca, para o espírito, para a comunicação com os deuses africanos; para cuidar da pele, do cabelo; para significar a defesa ecológica na compreensão do *igí-opé* – o dendezeiro –, essa árvore generosa e plural, planta da vida e dos costumes das diferentes regiões africanas presentes no Brasil.

O dendê se abrasileirou, é nosso!

Nós o incorporamos, em cor, cheiro e sabor, à nossa mesa. E a Bahia identifica em sentimento e pertença o azeite, o dendezeiro, as suas receitas e os seus sabores.

Acarajé

DO TERREIRO AO TABULEIRO

Acarajé é uma comida do final da tarde. É uma comida de Iansã, orixá dos ventos e que representa a mulher livre. Iansã, que também é conhecida por Oiá, ensinou à mulher o ofício de fazer acarajé. É comida rápida, de rua, para ser feita na hora. É uma comida de mercado, de tabuleiro. Comida quente, feita no azeite de dendê.

Cada vez mais a comida é percebida e valorizada como uma manifestação cultural que sensibiliza e se comunica com as pessoas.

A comida exige todos os sentidos e sentimentos para ser, verdadeiramente, integrada ao corpo e à memória, ganhando assim valor simbólico.

Certamente, na boca começa a emoção. É justamente na boca, apoiada pelos sentidos da visão, do olfato, da audição e do tato, que a comida é integralmente entendida e assimilada.

Comer não é apenas um ato biológico, é antes de tudo um ato tradutor de sinais, de reconhecimentos formais, de cores, de texturas, de temperaturas e de estética.

O valor cultural do ato de comer é cada vez mais entendido como um ato patrimonial, pois a comida é tradutora de povos, nações, civilizações, grupos étnicos, comunidades, famílias, pessoas.

O sentido de pertencer a uma sociedade, a uma cultura, nasce primordialmente do idioma que falamos e da comida que comemos.

Incluir receitas, pratos, criar hábitos cotidianos é um "lugar" que define e atribui à pessoa o seu pertencimento, a sua identidade; é partilhar de um modelo que reúne ética, moral, hierarquia e papéis sociais.

A presença da matriz africana está principalmente nas receitas que fundamentam a nossa culinária, particularizando e construindo o paladar do brasileiro.

A nominação de produtos, ingredientes e temperos aponta para a diversidade de povos e civilizações cujas culturas integram a nossa mesa e os nossos hábitos alimentares.

Dos muitos pratos de matriz africana, o acarajé é um dos mais importantes, pelo que significa em âmbito social e religioso, e pelo que significa na afirmação de uma longa tradição de vender comida na rua, no caso, com as baianas de acarajé.

A venda de acarajé no tabuleiro é uma subsistência econômica que data da época dos chamados "ganhos". Época de um Brasil colonial e escravocrata, onde as mulheres negras – forras ou escravas – iam para as ruas oferecer pratos salgados, doces, e bebidas artesanais como o emu – o vinho de palma, ou de dendê.

O acarajé, no processo histórico dos povos africanos no Brasil, marca a Bahia, em especial o Recôncavo e a cidade do São Salvador. Há um profundo senso de identidade e pertencimento do povo baiano com relação ao acarajé, e esse sentimento se manifesta nas suas muitas tradições culturais.

O acarajé é preparado com feijão-fradinho – o popular "fradinho" – temperado com cebola e sal, e frito no azeite de dendê.

O feijão é limpo, lavado e passado no pilão de pedra, também chamado "pilão lítico". A massa é acrescida de cebola ralada e sal, devendo ser muito bem batida, para manter a aeração e a textura.

O acarajé tradicional tem o formato e o tamanho de uma colher de sopa.

Deve ser comido quente, puro ou com molho de pimenta; pode ainda ser recheado de vatapá, caruru, salada, e camarão defumado, transformando-se num verdadeiro sanduíche, popularmente chamado "sanduíche nagô".

O acarajé está presente no cardápio sagrado do candomblé, sendo comida especial dos orixás Iansã e Xangô.

Há uma forte identidade do acarajé nos cardápios que são preservados nas cozinhas dos candomblés. Ele marca territórios de receitas e de conhecimentos tradicionais que se ampliam para as casas, para as comidas do cotidiano.

Os acarajés oferecidos aos orixás têm formatos especiais e são ritualmente colocados nos pejis – santuários – com outras comidas.

Comer acarajé no final de tarde, na cidade do São Salvador, é um costume que pontua o cotidiano, é um encontro e reencontro diário com a matriz africana. O tabuleiro é a referência.

É um prato frito na hora. O dendê fervente aproxima os devotados consumidores desse bolinho que traz o gosto da Bahia à boca. O acarajé é uma refeição ou um lanche, como também é o abará, o bolinho de estudante, as cocadas, os bolos, entre tantas outras delícias da venda pública e profundamente cerimonial no tabuleiro.

O acarajé nomina também um dos rituais mais importantes dos terreiros de candomblé. É o conhecido "acarajé de Iansã", quando no barracão, espaço público, os acarajés são distribuídos a todos os presentes, oferta feita pelos orixás, pessoas em estado de santo, Iansã, ou Oiá.

Comemora-se desse modo a festa, o momento religioso em que o alimento é a comunicação mais direta e eficaz entre a divindade e o homem.

Gamelas de madeira, grandes recipientes de cobre ou tabuleiros seme-
lhantes aos das vendas de rua estão repletos de acarajés que ritualmente
serão distribuídos em momento especial, numa celebração da qual todos
participam: visitantes e membros da comunidade-terreiro.

O CICLO DE FESTAS NA BAHIA

Sem comida não há festa. Falar de festa na Bahia, no São Salvador, é
falar de acarajé, de dendê, de temperos, de pimentas, de memórias ancestrais africanas nas escolhas dos ingredientes, nos modos de fazer e de servir;
e principalmente de significar o que há além do alimento, de traduzir as
relações e os sentidos que os terreiros de candomblé têm com o cotidiano
da cidade.

Nas chamadas "festas de largo", os tabuleiros e as barracas que também
vendem comida e bebida fazem os pontos de reunião para cantar e dançar
o samba de roda. Essas ações fortalecem as relações e rememoram outras
festas que celebram a fé religiosa com muito acarajé na boca e samba no pé.

Também é festa dentro das casas, tão festa quanto na rua. Os ciclos
acontecem durante todo o ano, e algumas comemorações são mais de largo
e outras, de casa.

O ciclo festivo na Bahia começa em janeiro, no dia 1º, com a tradicional
Festa de Bom Jesus dos Navegantes; depois, o Dia de Reis, ou Lapinha, no
dia 6 de janeiro; na segunda quinta-feira após essa festa, é o dia da Lavagem
do Bonfim, emendando-se com a segunda-feira da Ribeira, um pré-carna-
val, afinal fevereiro está chegando.

Fevereiro, dia 2, é o dia de festa no mar, de louvar Iemanjá e Oxum com
muitos balaios de presentes – flores, fitas, perfumes e tudo mais que integra
e identifica o agrado feminino.

O mês culmina com o carnaval. Desfilam afoxés, trios, blocos, e a cidade
assume e comunica o momento transgressor e ao mesmo tempo renovador
das regras sociais.

Em seguida, vem o Corpus Christi – data móvel, maio ou junho –, que para o povo do candomblé é Dia de Oxóssi, orixá da caça, da fartura alimentar, o grande provedor do homem e do mundo.

Junho, mês de muitas louvações, inicia-se com o Dia de santo Antônio; em seguida, são João, santo que vive nas fogueiras, nos cardápios à base de milho, sua maior celebração. Fechando o mês, vem são Pedro, identificado no candomblé com Xangô, que também se relaciona com a fogueira de são João.

Certamente, santo é santo e orixá é orixá; porém, na vida religiosa e na fé popular, há uma forte inter-relação entre as devoções das casas e das ruas.

Julho é o mês do caboclo, ancestral da terra brasileira, em especial da Bahia. Tanto que, no dia 2 de julho, se comemora não apenas a Independência da Bahia, mas também o Dia do Caboclo.

Agosto tem são Roque e são Lázaro, bem como rituais coletivos com o alimento-símbolo de Obaluaê: o doboru – a pipoca. Esses santos purificam, por isso têm grande adesão popular.

Setembro é o "tempo dos quiabos", do Caruru de Cosme, a festa dos santos gêmeos Cosme e Damião, na qual se oferece um banquete à base de azeite de dendê: feijão de azeite, farofa, acarajés, abarás, xinxim de galinha e vatapá. Mas o prato principal é o caruru, feito de quiabos, camarões defumados, temperos e dendê. Há também doces, muitos doces, geralmente de coco, além de roletes de cana-de-açúcar.

Dezembro, mês das santas. Dia 4, santa Bárbara. Dia 8, Conceição, carinhosamente chamada de "Conceição da Praia". Dia 13, santa Luzia.

Então, o Natal.

As festas vivificam a cidade, o seu povo. Um povo que é ungido de dendê e devoto do acarajé. É o povo da Bahia.

Roupa de baiana, roupa de crioula, estar de saia, mulher de saia, baiana de passeio, baiana de candomblé, baiana do Bonfim, baiana da Boa Morte, beca ou simplesmente baiana. Muitos são os nomes dados ao traje que evoca e reúne elementos visuais do barroco europeu, porém sua inspiração vem principalmente dos traços da cultura muçulmana da África ocidental e do norte.

A forte presença afro-islâmica traduz-se nas tecnologias, cores e texturas dos tecidos e dos adornos, expressões diretas das relações entre o Islã e a África, mas também entre o Islã e a península Ibérica, graças aos contatos de portugueses e espanhóis com os mouros muçulmanos. Tudo isso para formar um "tipo", um tipo essencialmente consagrado: a "baiana".

É uma roupa que identifica os múltiplos papéis sociais da mulher e a sua vinculação às diferentes manifestações de matriz africana, entre elas o ofício de fazer e vender acarajé na rua, trabalhando no tabuleiro.

A primeira e marcante identificação da roupa de baiana dá-se pela cabeça coberta com tecido de diferentes formatos, texturas e maneiras de dispor, conforme intenção social, religiosa, étnica: o turbante.

O nosso turbante afrodescendente é, sem dúvida, afro-islâmico.

A saia, ou beca, é outro elemento marcante da roupa de baiana. É feita geralmente com 5 metros de roda e tecidos diversos, além de fitas, rendas e demais detalhes da barra. "Estar de saia" ou "usar saia" pode referir-se ao elaboradíssimo conjunto que monta a roupa "típica" da baiana.

O camisu, ou bata, traz geralmente um bordado *richelieu* na altura do busto e por cima dele vem um tipo de xale grande, em tecido mais fino, conhecido como "pano da costa", ou "pano de Alaká". Esse pano africano é tecido em tear manual ou fabricado industrialmente.

Os objetos simbólicos de diferentes materiais, os chamados "balangandãs" unem-se à estética da roupa de baiana. Alguns estão visíveis nas pencas e têm origens e funções específicas nas atividades econômicas exercidas pelas baianas; são bolas de louças, figas, saquinhos de couro, dentes de animais; ou medalhinhas, crucifixos e outros símbolos cristãos absorvidos e relidos pela matriz africana.

Outro elemento visual que compõe o traje de baiana é a joalheria: brincos – dos tipos pitanga e barrilzinho; pulseiras – ides – de búzios, contas, coral, marfim, prata, ouro, cobre, latão, ferro; colares do tipo trancelim, com argolas encadeadas; e os fios de conta, também chamados "ilequês", com as cores dos deuses pessoais, da família ou da nação e do terreiro, mantendo simbolicamente as marcas sociais e religiosas.

A roupa de baiana compõe e fundamenta o imaginário do ofício de fazer e vender acarajé e as demais comidas que integram o tabuleiro.

BAIANA DE ACARAJÉ: UM OFÍCIO QUE É PATRIMÔNIO NACIONAL

Tão patrimônio como o ouro dos altares. Tão patrimônio como o barroco das igrejas coloniais, os azulejos, a prataria, as alfaias de louça; a arquitetura dos palácios, os monumentos aos heróis oficiais.

Heroico!

Sim, heroico é esse acarajé, que se tornou símbolo do patrimônio gastronômico, que exala sabor, história, mitologia!

O acarajé, por meio do reconhecimento do chamado "ofício de Baiana de Acarajé", foi registrado em dezembro de 2004 como "Patrimônio Cultural Imaterial Brasileiro" pelo Instituto do Patrimônio Histórico e Artístico Nacional (Iphan). Reconhecer o acarajé como nosso patrimônio significa reconhecer a importância dos sistemas alimentares na formação das identidades, na afirmação dos direitos culturais e no fortalecimento da cidadania.

Democraticamente, nesse ato de reconhecimento pelo poder público, o conceito de patrimônio cultural resulta de uma visão mais ampla de cultura. Assim, compreende-se a cultura de maneira plural e contextual, dá-se aos seus realizadores, pela experiência e pela vivência, e não apenas pela apreciação, um valor mais amplo, como integrante dos diferentes segmentos culturais que singularizam nossas identidades de povo e de nação. Essa é a compreensão mais atual, e internacional, de patrimônio cultural, apoiada no que há de particular, próprio e diferente, no que marca a identidade de uma cultura, mas que se comunica em contextos cada vez mais universalizados.

São vários os significados que situam a mulher como agente memorial e provedor das famílias afrodescendentes. Nesse sentido, destaca-se o importante papel social das baianas de acarajé e suas falas culturais em contextos gastronômicos, na trajetória civilizadora dos povos e das culturas africanas no Brasil.

A patrimonialização do ofício de Baiana de Acarajé é um caso exemplar de patrimônio imaterial, que valoriza saberes, lugares, tradições e identidades culturais, além dos vários bens a ele agregados, numa compreensão complexa e plural de patrimônio e direito cultural. Nesse contexto, o chamado "Plano de Salvaguarda" busca preservar e manter as características e os significados que tipificam e fundamentam o reconhecimento do registro.

São milhares de baianas de acarajé que reúnem saberes tradicionais e fortalecem o seu trabalho, o seu ofício, na dimensão mais ampla e verdadeira de uma profissão, que também é representada pela Associação das Baianas de Acarajé, Mingau e Receptivo da Bahia.

PARA FAZER E COMER ACARAJÉ

O acarajé é preparado com feijão-fradinho, também chamado "fradinho". O feijão fica de molho até soltar a casca; depois é passado na pedra ou no moinho, resultando em uma massa que será temperada com cebola ralada e sal. A massa deverá ser bem batida, até a consistência desejada, sempre com a colher de pau.

O azeite de dendê é colocado em frigideira grande, panela rasa ou tacho. Quando o azeite estiver fervendo, colocam-se para fritar porções da massa de feijão utilizando a colher de pau, que também serve como medida de cada porção. Os bolinhos são fritos até se tornarem dourados por fora e macios por dentro.

O cheiro gostoso do dendê fervendo atiça qualquer apetite. O acarajé para uso profano pode ser comido com o molho nagô, e para as práticas sagradas, apenas frito.

O tamanho e o formato do acarajé têm simbolismos próprios quando são destinados a divindades específicas. O acarajé grande e redondo é de Xangô; os menores servem para as iabás, como Iansã e Obá, e para os Erês, que têm em seus cardápios votivos pequenos acarajés de formato bem redondo.

O acarajé, no imaginário da Bahia, é, sem dúvida, um prato-símbolo, sendo internacionalmente reconhecido como uma comida brasileira de matriz africana.

Caruru de Cosme

A partir de 27 de setembro, data dedicada a comemorar os santos gêmeos Cosme e Damião, vive-se na Bahia um extenso calendário de festas familiares e domésticas, além daquelas de caráter público, que acontecem nos terreiros de candomblé, onde todos juntos se unem na prática devocional de oferecer e de comer caruru.

É o ritual do quiabo, leguminosa também conhecida por "nafé", "guingombô", "gombô", "quimbombô", entre tantos outros nomes. De origem africana, essa planta malvácea da espécie *Hibiscus esculentus* traz antigas memórias de ancestrais e de deuses que se ampliaram, se abrasileiraram nas festas dos santos católicos, com o gosto e a estética do caruru.

A festa, na intimidade das casas ou nos barracões dos terreiros, é comumente e afetivamente chamada de "Caruru dos Meninos", "Caruru dos Ibejis", "Caruru dos Mabaços", "Caruru de Dois-dois", ou simplesmente "Caruru".

Tudo no Caruru nasce de um entendimento que é o agradar, agradecer, chamar, celebrar as crianças, numa mistura dos santos católicos, totalmente adaptados e recriados na fé popular, com os orixás gêmeos e infantis que são os Ibejis. Na tradição iorubá, esses orixás são verdadeiros guardiões das casas, das famílias e das cidades, promovendo principalmente a fertilidade das mulheres.

A festa tem como base o caruru, prato tradicional da cozinha afrodescendente, feito de quiabos, camarões secos, cebola e azeite de dendê. Em torno do caruru há um cardápio ampliado, reunindo outras comidas de azeite como: vatapá, xinxim de galinha, acarajé, abará, efó, feijão de azeite, ebô – milho branco cozido – farofa de azeite. Há, ainda, complementos como o doboru – pipoca –, o rolete de cana, a rapadura, os doces de coco; além de bebidas, como o aluá de milho, o vinho, a cerveja, entre outras.

O caruru é um oferecimento coletivo a sete meninos que devem comer juntos na "gamela de madeira" ou na bacia, sobre esteira no chão, onde está a comida ritual de quiabo, recoberta de farofa de dendê, ovos cozidos, jerimum, batata-doce e demais complementos.

De maneira teatral e voraz, os meninos vão comendo de mão, sob o olhar sincero e devocional dos participantes da festa, que creem que Cosme e Damião, os Ibejis e outras divindades, como Alabá, estão comendo por meio das crianças. Pois a crença é que, ao se alimentar as crianças, também se alimentam os santos.

A gamela é então retirada, e as crianças, geralmente untadas com muito dendê e quiabos, mostram o cumprimento do ritual.

Os santos comeram muito e bem, provaram e aprovaram os temperos; as receitas tradicionais foram mantidas e o ritual, cumprido. Agora, quem irá comer são os devotos, numa festa que congrega samba de roda e comida com quiabo para todos.

Por tudo isso, sem dúvida, a comida sagrada traz a África à boca e também ao corpo, pois tudo se une no quiabo, ingrediente das mesas cotidianas de muitas casas e restaurantes, das bancas de feiras e mercados, dos terreiros.

Nas antigas receitas afro-baianas, vê-se o caruru feito de bredo, mostarda, vinagreira e outras folhas verdes. Desse modo, o caruru é tido como um processo culinário de utilização de verduras para serem refogadas no azeite.

Consagrou-se, contudo, o caruru de quiabo como o prato principal das festas de Cosme. Há o costume de adicionar às panelas alguns quiabos inteiros, para indicar quem se responsabilizará por um novo caruru. Quem receber o quiabo inteiro no prato é o escolhido por Cosme para oferecer o seu caruru e fazer a "obrigação". Pois Cosme e Damião exigem que seu farto caruru seja untado de muito dendê e complementado com outras comidas, todos os anos.

Geralmente, quem tem filhos gêmeos assume também a obrigação e a devoção de fazer caruru, lembrando os santos gêmeos da Igreja Católica e os orixás gêmeos da religião afro-brasileira.

Caruru é comida de vida, de união sagrada entre mãe e filho, e entre as crianças, Cosme e os Ibejis.

UMA RECEITA TRADICIONAL

Na tradição afrodescendente, cabe à mulher fazer a comida, e isso expõe também o sentimento e a sabedoria feminina, vinculados à maternidade.

É a mãe fazendo comida para o filho. São também as mulheres que fazem e vendem comida nos tabuleiros nas ruas, nas feiras e nos mercados.

Certamente, o Caruru, essa festa/comilança que começa em setembro e que se estende pelos meses subsequentes, implica muito quiabo, muito dendê e muita vontade em comum de celebrar ritualmente santo e orixá que compartilham de um mesmo entendimento de fé/festa.

Então, comer caruru nessa ocasião é uma experiência de corpo inteiro. É necessário sentir o gosto do dendê além da boca; o dendê que toca a pele, o quiabo que enche a mão junto ao bolo com farofa, acompanhado de um bom pedaço de galinha; e complementado também com pipoca, rolete de cana, culminando tudo isso num gole generoso do aluá.

Para se fazer o prato principal do cardápio "caruru", que é o caruru de quiabo, uma receita muito tradicional da Bahia orienta que o quiabo deve ser bem miúdo e cozido em caldo de peixe seco com vários ingredientes:

sal, alho, cebola; camarão seco, pimenta, quioiô – que é a alfavaca da espécie *Ocimum tweedianum*; castanha, catassol – que é o bicho do búzio – torrado e azeite de dendê.

Há, ainda, outro ingrediente tradicional de matriz africana: o *egussi*, que são as pevides de abóbora, melão ou melancia torradas e moídas para serem usadas como tempero.

Para se fazer esse caruru, é preciso usar panela de barro.

Os quiabos são cortados em cruz, no sentido longitudinal, e depois em rodelinhas. Devem ser bem enxugados antes de serem cortados.

O caruru está bom de tirar do fogo quando os caroços do quiabo ficarem cor de rosa. Acrescenta-se, então, um pouco de farinha de mandioca ou de milho por cima, para engrossar.

Para essa receita, são necessários os seguintes ingredientes: 1 kg de quiabos novos e bem verdes; 400 g de camarões frescos; 500 g de postas de peixe; 400 g de camarões secos e defumados; 400 g de amendoim torrado com casca; 200 g de cebola; azeite de dendê; coentro e salsa; limão e sal a gosto.

O amendoim é descascado e depois moído. O mesmo se faz com os camarões secos e defumados, que em seguida são misturados com o amendoim moído.

Põem-se para cozinhar os camarões frescos, reservando a água desse cozimento. As postas de peixe são preparadas, iniciando com o processo de lavar o peixe com muito limão. Na sequência, o peixe é frito no azeite de dendê.

Os quiabos são lavados, secos e cortados em rodelas bem finas. Em seguida, inicia-se o cozimento dos quiabos com limão. As cebolas raladas são refogadas no azeite de dendê e depois acrescenta-se a mistura de amendoim e camarões secos moídos.

Todos esses processos culinários devem acontecer em generosa panela de barro, utensílio ideal para se fazer caruru, bem como outras comidas da tradicional mesa baiana.

Quando todos os ingredientes estiverem refogados, colocam-se os quiabos cozidos e acrescenta-se a água de cozimento dos camarões frescos. Adicionam-se o coentro e a salsa, mais o dendê e o sal a gosto. Quando tudo estiver cozido, acrescentam-se os camarões frescos e o peixe, mistura-se tudo e deixa aguardar na panela de barro, para apurar o sabor.

O caruru deve ser comido com arroz ou com acaçá branco, mas há quem prefira comê-lo com farinha de mandioca.

A RAIZ AFRICANA

Pode-se dizer que o inhame, assim como o azeite de dendê, é um ingrediente procedente do continente africano, e por isso é conhecido como um produto "da costa". Esta região compreende o golfo do Benin, também conhecida como Costa dos Escravos, Costa da Malagueta, Costa dos Grãos, Costa do Ouro. Nesta costa estão os Iorubá-Nagô, povos conformadores dos patrimônios culturais do Nordeste, em especial, da Bahia.

A COMIDA DA CRIAÇÃO DO MUNDO

Diz um itã – lenda – que Obatalá – o rei maior – criou o mundo e precisava frutificar a terra; assim, escolheu Okô, o primeiro agricultor, o primeiro que plantou *isu* – inhame. Por isso, há o tradicional dizer iorubá: *Ba ni je enia Okô.*[3]

---

[3] "Se alguém trabalhar perto de Okô, na roça, encontrará o que comer."

E o inhame, raiz tuberosa da família das aráceas, está integrado ao imaginário da criação do mundo para os Iorubá, bem como às tradições religiosas dos Iorubá-Nagô no Brasil.

O inhame simboliza a criação e a fertilidade, e identifica os orixás mais
antigos, chamados *fun-fun* – brancos.

O formato fálico do inhame cria um sentido simbólico de multiplicação
dos alimentos na terra e da capacidade de procriação do homem. Por isso,
as festas do inhame ocorrem na primavera, para representar um permanente renascimento.

O DIA DO PILÃO

Nas tradições religiosas afrodescendentes, especialmente nos candomblés, o inhame cozido é ritualmente pilado numa cerimônia festiva que representa a fertilidade. Essa festa é conhecida como "Inhame-novo", "Festa
do Inhame", "Pilão de Oxalá", ou "Pilão de Oxaguiã". E é a comemoração
dos orixás *fun-fun*, cujas indumentárias – sempre de cor branca – são com-
plementadas com insígnias e joias de prata ou metal prateado.

Depois de pilado, o inhame é servido aos participantes da festa, que
geralmente estão sob o alá – espécie de grande toldo de tecido branco que
representa o céu africano. Obatalá, diga-se, significa "Rei do Pano Branco"
na língua iorubá.

PARA SE COMER INHAME

O inhame, ou inhame-branco – designação dada a diversas espécies
dos gêneros *Dioscorea*, *Colocasia*, *Alocasia* e *Xanthosoma* – é chamado no
Nordeste de "inhame-da-costa", "inhame-de-são-tomé" ou "cará-de-são-
-tomé", nomes que preservam a sua identidade de procedência africana, no
que se pode entender por memória e patrimônio.

O inhame compõe a base de diferentes cardápios de matriz africana, consumidos como parte das liturgias nas comunidades de terreiro. Ao mesmo tempo, é um ingrediente básico dos pratos do dia a dia, juntamente com a macaxeira, a farinha de mandioca, o jerimum, entre tantos outros que dão identidade à mesa regional.

Por representar a fertilidade, o inhame integra vários pratos dedicados a diferentes orixás. O orixá Ogum, também agricultor e caçador, gosta do inhame assado e coberto com azeite de dendê, ou ainda mesmo cru.

O amalá é um pirão de farinha de inhame feito segundo as receitas tradicionais dos Iorubá. Também pode ser feito com o inhame cozido e amassado, e complementado com um guisado de quiabo, azeite de dendê, carne, pimenta e outros temperos. Esse guisado, em Pernambuco, chama-se "beguiri", comida ritual do orixá Xangô.

Outro prato do cardápio litúrgico – chamado "peté", ou "ipeté", comida ritual do orixá Oxum – é feito com inhame cozido, acrescido de camarões, cebola e azeite de dendê.

Inhame cozido em água e sal, feijões cozidos no azeite de dendê, milho branco cozido, pedaços de coco seco, juntamente com a carne temperada de aves, formam uma comida ritual dos orixás gêmeos – Ibejis. Nas tradições iorubás-nagôs, há um cântico especial para o oferecimento dessa comida: *Epo mbe, ewà mbe, isu mbe.*[4]

Para os orixás criadores do mundo, os mais velhos, o inhame deve ser muito cozido em água sem sal e temperado com limo da costa, também conhecido como "manteiga de ori", produto preparado à base do fruto do carité. Carne caprina cozida também pode ser misturada ao inhame e ao limo da costa.

Muitos outros pratos são criados com base no inhame, tanto para a cozinha ritual quanto para a cozinha do cotidiano nas casas, nas feiras, nos mercados, nos restaurantes.

---

4   "Tem azeite de dendê, tem feijão, tem inhame."

O maior produtor mundial de inhame atualmente é a Nigéria, país da África ocidental de onde vieram os Iorubá-Nagô, que para cá trouxeram o tubérculo. Contudo, o inhame abrasileirou-se e hoje integra as nossas receitas, compõe o nosso paladar. É uma escolha cultural, uma forma de marcar identidade à mesa.

Sem dúvida, a matriz africana recorre à mitologia na ritualização do inhame, alimento que está também presente nas nossas mesas, cozido e acrescido de manteiga ou de mel de engenho, que é o melado da cana sacarina, acompanhando carnes e assados, pois integra os nossos hábitos alimentares, compõe os nossos paladares.

Receitas e memórias

Comida quente na Bahia é a comida com pimenta.
Com muita pimenta, de tudo que é tipo e qualidade.
Pimenta fresca. Pimenta seca misturada no dendê.
Assim, mesmo frio o molho que acompanha o acarajé é "quente".
Tem pimenta, muita pimenta.

Tradição e diversidade da mesa baiana

Estão nas receitas as sabedorias experimentadas nas cozinhas que mostram conhecimentos culinários. São rituais que nascem nas escolhas dos ingredientes, e principalmente como serão representados em cada prato.

Cada receita é um universo complexo. Não é apenas o cumprimento de uma lista de quantidades e de ingredientes. É antes de tudo uma compreensão afetiva diante da comida.

Tudo tem importância, a sazonalidade dos ingredientes, com os produtos de época; as quantidades; os conceitos de fresco e de verde, como também ocorrem com os conceitos de seco, de salgado, de defumado ou "fumado".

São qualidades que demonstram os critérios culturais aliados aos critérios culinários, que, sem dúvida, são também representações da cultura.

Desse modo, a comida ganha o seu sentido primordial que é o de significar um lugar, uma região, um território. Pois cada receita é capaz de reunir e traduzir memórias e histórias.

As receitas que encontramos neste capítulo são antes de tudo textos etnográficos que chegam de diferentes procedências – relatos, observações, experimentações em feiras, mercados e restaurantes. Não há uma intenção declarada de fichas técnicas rigorosamente adequadas aos princípios clássicos da culinária.

XINXIM

A diferença entre moqueca e xinxim está no tempero. A moqueca é temperada com sal, coentro, salsa, tomate, cebola, pimenta, alho, azeite de dendê. Sabores que permanecem no caldo. A moqueca em geral leva também o leite de coco.

Já o xinxim tem como tempero: sal, cebola, alho, pimenta, camarão seco, amendoim, azeite de dendê. Ele fica mais seco do que a moqueca, pois é cozido no azeite. Quando não há camarão seco, aumenta-se a quantidade de cebola.

O xinxim é basicamente um guisado preparado com esses temperos. Nas receitas familiares, também era usado o *egussi*, um importante acréscimo de sabor ao prato.

O XINXIM TRADICIONAL: DE GALINHA

Para essa receita, são necessários os seguintes ingredientes: 1 galinha ou frango grande; 300 g de camarões secos; 150 g de cebolas; 3 dentes de alho; 100 g de amendoim torrado sem casca; 50 g de *egussi*; azeite de cheiro; coentro e salsa; sal; limão.

A galinha é preparada e cortada em pedaços, deixando-se descansar por 1 hora com sal, alho e sumo de limão. Ralam-se as cebolas, que seguem para a panela, com o dendê. Após refogar as cebolas em fogo brando, acrescenta-se a galinha. Mantém-se o fogo brando.

Depois, adicionam-se os camarões secos e o amendoim torrado. Coloca-se mais dendê, a gosto. Tampa-se a panela, para continuar cozinhando em fogo brando. O resultado deve ser um caldo grosso, ideal para acompanhar farofa e arroz.

Quando a galinha estiver quase cozida, acrescentam-se coentro e salsa picados. Come-se o xinxim com arroz branco e com farofa d'água, ou mesmo farinha de mandioca pura.

Xinxim de fato Prepara-se com pedaços de fato de boi, que devem cozinhar até amolecerem. Tempera-se e deixa-se engrossar o caldo à base de dendê e de camarão seco. Come-se com angu de farinha, que é o tão querido pirão.

Xinxim de bofe É tido pelos baianos como o mais tradicional xinxim. Corta-se o bofe de boi em pedaços miúdos, que em seguida são aferventados. Depois de escorrido, o bofe vai ao fogo para cozinhar até amolecer. Depois de cozido, volta ao fogo para ser refogado com os temperos. Come-se com angu de farinha, farofa de azeite de dendê ou arroz branco.

Xinxim de carne Aproveitam-se as sobras de carne picadas e temperadas, enriquecendo com dendê e camarão. Deve-se cozinhar em pouca água e muito azeite. Acompanha farofa ou arroz branco. É semelhante à roupa-velha.

Xinxim de carne do sertão Coloca-se a carne do sertão de molho em água e farinha para retirar o excesso de sal. No dia seguinte, lava-se e afeventa-se a carne. Tempera-se como xinxim tradicional, deixando no fogo para secar. Come-se com farofa de azeite, angu de farinha ou arroz branco.

QUIBEBE

É uma comida feita com abóbora cozida. Na Bahia, onde também é conhecido como "carne seca com abóbora", o tradicional quibebe vem acompanhado de farinha de mandioca.

São necessários: 1 kg de abóbora; 2 cebolas; ½ xícara de azeite de oliva ou azeite doce; 3 ramos de salsa; hortelã, pimenta do reino e sal a gosto. Descasca-se a abóbora e cozinha-se em água e sal. Quando estiver bem cozida, escorre-se. A abóbora é então amassada até se tornar um purê. Aí se acrescentam o refogado que foi feito com o azeite e os demais ingredientes. Se quiser pode-se acrescentar uma colher de sopa de açúcar mascavo. Também há uma variação da receita onde se usa o leite de coco ou leite de vaca, nesse caso deve-se levar o "quibebe" para o fogo em uma panela e acrescentar dois copos de leite de coco, ou leite de vaca, e deixar até ferver, mexendo sempre.

MOQUECAS PARA LAMBER OS BEIÇOS

A moqueca é um guisado de peixe ou de marisco temperado com coco. O nome derivaria do guarani *poque-mboqué*.

Outra hipótese para a origem de "moqueca" é que ela viria de *mukeka*, termo do quimbundo – língua do macrogrupo banto, na África –, com significado provável de "retalhar". Em Angola, *mukeka* é um guisado de peixe que se come com fatias de pão torrado. *Mukeka* pode ser também um guisado feito de carne de gado bovino.

Para Luís da Câmara Cascudo, o termo "moqueca" procede do tupi *pokeka*, que significa "envolvido", "embrulho", "embrulhado", porque nesse estilo, o peixe era enrolado em folhas, fazendo-se um pacotinho. Tanto que, no Pará, se chama "poqueca"; e, no Amazonas, moqueca é o peixe moqueado envolto em folha. Cascudo informa, ainda, que há na Bahia a moqueca de folha.

Realmente, na Bahia, se usa o verbo "moquear" – lembranças da grelha indígena de paus chamada "moquém" – principalmente na expressão "carne moqueada", que significa carne grelhada.

Na Bahia, porém, o nome "moqueca" refere-se aos pratos guisados que levam pimenta. Para uns, deve levar ainda azeite de dendê; para outros, leite de coco. Contudo, o elemento comum é o mesmo: a pimenta, pois sem pimenta não há moqueca. E, na mesma base de temperos, destaca-se a pimenta-malagueta.

Tradicionalmente, as moquecas são preparadas com peixes e mariscos, azeite de dendê e leite de coco, o que marca a presença da matriz africana.

Há moquecas de carne verde (fresca), de carne-seca (carne de sol ou charque), de ovos, de ovas de peixe, de aipim, de miolos, de maturi (castanha de caju verde), de repolho, de siri-mole. Faz-se também moqueca de inhame, fruta-pão, batata-doce, chuchu, mamão verde, e até mesmo de tomate.

Para esta receita são necessários os seguintes ingredientes: 1 kg de postas de xaréu; 1 limão; 1 cebola; 1 dente de alho; 2 tomates; 1 xícara de leite de coco; 1 xícara de azeite de dendê; 3 colheres de azeite doce (azeite de oliva); pimenta-malagueta, coentro e sal a gosto.

Lavam-se as postas de xaréu com água e limão. Depois, tempera-se com sal, alho, pimenta-malagueta, coentro, cebolas e tomates cortados em rodelas. Reúnem-se todos os ingredientes numa panela e acrescentam-se o dendê e o azeite doce. Leva-se para cozinhar. Quando estiver quase pronto, acrescenta-se o leite de coco e deixa-se até ferver. Como acompanhamento, arroz branco e farofa de dendê.

Moqueca de aipim Põe-se o tempero clássico da moqueca de peixe (cebola, tomate, pimenta e coentro) para cozinhar no leite de coco, com camarão seco. Conforme a preferência, podem-se adicionar pequenos siris torrados. Quando estiver "cheirando", joga-se na panela o aipim. Deixa-se cozinhar até abrir fervura, e então acrescenta-se o azeite de dendê.

Moqueca de carne A moqueca de carne é um aproveitamento culinário de partes da carne bovina, cozida ou assada, que são acrescidas com os temperos tradicionais da moqueca e complementos como camarões secos e azeite de dendê. Come-se com arroz branco e farofa de dendê.

Moqueca de miolos Os miolos de gado bovino são lavados e limpos com bastante limão. São cortados em pedaços, e refogados com coentro, tomate, cebola e a mesma quantidade de azeite de dendê e azeite de oliva. Quando o refogado estiver quase pronto acrescentam-se suco de limão, pimenta-do-reino e sal a gosto. Deixa-se cozinhar. Come-se acompanhado de molho de pimenta--malagueta e arroz branco.

Moqueca de ovos Faz-se a moqueca de ovos com 6 ovos; 2 cebolas, 2 tomates e 1 pimentão, todos cortados em rodelas; 1 ramo de coentro; 1 pimenta--malagueta amassada com sal; 1 xícara de azeite de dendê, e sal a gosto. Em uma frigideira grande, dispõem--se as rodelas de cebola, de pimentão e de tomate, e também o coentro picado. Acrescenta-se um pouco de água e deixa-se ferver. Em seguida, acrescenta-se o azeite de dendê, e deixa-se ferver mais um pouco. Então se estrelam os ovos na frigideira e tampa-se. Quando os ovos estiverem cozidos a moqueca estará pronta.

Moqueca de peixe graúdo O peixe deve ser cortado em postas, limpo com sumo de limão e temperado com sal. Faz-se um refogado com cebola, tomate e coentro; e se usa a mesma medida de azeite de dendê e azeite de oliva. Acrescenta-se então o peixe e deixa-se cozinhar. Quando estiver quase pronto, se se desejar, pode-se acrescentar leite de coco. Come-se com molho de pimenta-malagueta, farofa de dendê e arroz branco.

Moqueca de peixe miúdo O peixe mais tradicional para fazer este tipo de moqueca é o chicharro. Ele deve ser limpo com limão e temperado com sal. Faz-se um refogado com cebola, tomate e azeite de oliva; então se acrescentam o peixe, o sumo de limão, o azeite de dendê e deixa-se cozinhar. Come-se com molho de pimenta-malagueta, farofa de dendê e arroz branco.

Moqueca de peixe salgado Põe-se o peixe de molho em água com farinha de mandioca para retirar o excesso de sal. Faz-se o tempero com coentro, salsa, tomate, cebola, alho, pimenta e azeite de dendê. Cozinha-se tudo no leite de coco. Come-se com feijão de leite e arroz.

Moqueca de repolho O repolho é cortado bem miúdo e, em seguida, vai ao fogo para cozinhar no leite de coco, com camarão seco, tomate, coentro, cebola, alho e pimenta. Complementa-se com azeite de dendê.

Moqueca de maturi O maturi (castanha de caju verde) é escaldado antes de ser jogado na fervura. Cozinha-se no tempero feito com camarão seco e leite de coco, além de coentro, cebola, alho e azeite de dendê.

Moqueca de siri-mole Os siris-moles são passados em água fervente. Depois se faz o tempero clássico de moqueca de peixe (cebola, tomate, pimenta e coentro) e leva-se tudo para cozinhar no leite de coco com azeite de dendê.

Moqueca de xaréu O xaréu é lavado com limão e recebe os tradicionais temperos da moqueca (coentro, cebola, alho), além de muita pimenta. Cozinha-se com azeite doce (azeite de oliva).

Moqueca de camarão ou de ostras Procede-se da mesma forma que no preparo de uma moqueca de peixe, com tempero de coentro, cebola, alho e pimenta. O camarão ou as ostras são lavados com bastante sumo de limão. O cozimento para ambos é muito mais demorado, pelo menos o dobro do tempo de cozimento do peixe.

Para cozinhar esses pratos, devem-se preferir as frigideiras de barro, pois acrescentam sabores especiais à comida. É fundamental servi-las com molho de pimenta e limão. Farofa de azeite e arroz branco são os melhores acompanhamentos para essas moquecas.

FRIGIDEIRA

Dá-se o nome de "frigideira" a qualquer picado (guisado) recoberto com ovos batidos. É assim que a cozinha baiana preserva esse estilo de fazer comida, tão popular quanto as moquecas.

ESTILOS DE FRIGIDEIRA

Fazem-se frigideiras à base de bacalhau, caju, caranguejo, carne, coco, entre tantos outros ingredientes.

Frigideira de bacalhau Coloca-se o bacalhau no molho de água e farinha de mandioca, para retirar o excesso de sal. Aferventa-se e pica-se. Mistura-se com chuchu, mamão verde, maxixe, batata-do-reino – a tão conhecida batata-inglesa. O tempero é o leite de coco com camarão seco, cebola, alho, coentro, tomate, salsa e azeite doce (de azeite oliva).

Leva-se para cozinhar em frigideira de barro. Quando estiver secando, batem-se os ovos em ponto de pão de ló e mistura-se com um pouco de farinha do reino (farinha de trigo) para engrossar. Põe-se um pouco do ovo no picadinho para ajudar a ligar. O restante deve ser suficiente para cobrir toda a superfície, numa camada uniforme.

Pode-se usar também outro peixe de salmoura como base desse prato da mesa baiana.

Frigideira de caju É um prato tradicional das ilhas da Baía de Todos os Santos, que leva castanhas de caju branco. Retira-se a pele das castanhas deixando-as na água com limão. Furam-se os cajus maduros com um espeto, em várias direções, e espreme-se até extrair todo o suco. Aferventam-se as bagas, que é a "carne" do caju, e escorre-se na peneira.

Cozinha-se tudo no leite de coco com castanhas, camarão seco, cebola, alho, coentro, tomate, salsa, castanhas de caju moídas e azeite doce (azeite de oliva). Por fim, quando estiver secando, adicionam-se os ovos batidos.

Frigideira de caranguejo Após aferventar e catar a carne do caranguejo, procede-se como nas outras frigideiras.

Frigideira de carne A carne, de porco, boi ou carne do sertão, é passada na máquina de moer ou no processador. Adicionam-se linguiça e toucinho com os temperos convencionais (coentro, cebola, alho, tomate, salsa, azeite doce). Há quem acrescente camarão seco e batata-do-reino. Não leva leite de coco.

Frigideira de coco Rala-se o coco, mistura-se com camarão seco, cebola, alho, salsa, tomate e azeite doce (azeite de oliva). Cozinha-se no suor, isto é, com panela tampada e em fogo baixo, sem levar água.

Quando o coco estiver cozido, seguem-se os mesmos procedimentos das demais receitas de frigideira.

Frigideira de mamão verde De véspera, são feitos talhos no mamão verde, para sair todo o leite. Na sequência, é aferventado. Essa frigideira deve levar camarão seco em dobro, para apurar o sabor.

Os temperos e demais procedimentos são os mesmos das outras frigideiras.

VATAPÁ

Certamente, o vatapá é um dos pratos mais emblemáticos da cozinha e da mesa baiana.

Pode ser feito de farinha do reino (farinha de trigo), fubá de milho, fubá de arroz e pão. A base pode ser bacalhau ou outro peixe salgado. O bucho da garoupa salpresa é muito tradicional. O vatapá também pode ser feito, ainda, com peixe fresco, galinha, fato e porco.

O VATAPÁ TRADICIONAL

Para fazer um bom vatapá, deve-se contar com o leite de coco, o camarão seco, a castanha de caju, o amendoim torrado, o gengibre, o fubá e o pão, além de temperos, como alho, cebola, coentro, pimenta-malagueta e azeite de dendê.

Põe-se o leite de coco com água para ferver com o camarão, alguns graúdos, cebola bem ralada, alho, amendoim, castanha e gengibre ralado.

Quando começar a cheirar, acrescenta-se o fubá escolhido (de milho ou de arroz) dissolvido no leite de coco. Deve-se mexer sem parar, para não encaroçar. Acrescenta-se azeite de dendê e deixa-se cozinhar até ficar pastoso, na consistência tradicional.

Despeja-se numa tigela e põe-se mais azeite de dendê.

A pimenta-malagueta é colocada perto de tirar do fogo. Podem-se acrescentar coentro e azeite doce (azeite de oliva).

Vatapá de peixe fresco Quando o vatapá, preparado da maneira tradicional, estiver quase pronto, acrescentam-se as postas de peixe, e segue-se o mesmo procedimento clássico para qualquer tipo de vatapá.

Vatapá de galinha Prepara-se a galinha em pedaços graúdos e deixa-se cozinhar com muito camarão e os temperos do vatapá tradicional. Quando estiver mais cozida, coloca-se o leite de coco; segue-se, então, o mesmo procedimento clássico para qualquer tipo de vatapá.

Vatapá de fato Corta-se o fato do boi em pedaços graúdos e aferventa-se; em seguida vêm os mesmos procedimentos clássicos para se fazer um vatapá. Seu acompanhamento é o arroz branco ou o acaçá branco.

Vatapá de pão Ao fazer o vatapá, é essencial mexer bem e ter paciência, até tomar o ponto. Passa-se o pão, que deve ser dormido (amanhecido) e ter ficado de molho no leite de coco, por uma urupema (peneira). Acrescenta-se dendê, mais o leite de coco, castanha, amendoim e "invenção", que é o melhor tempero. Come-se o vatapá de preferência puro, com arroz branco ou com acaçá branco. Há quem goste de comê-lo com farinha de mandioca.

ENSOPADO

Os ensopados fazem outro tema notável da tradicional cozinha e mesa baiana.

São notáveis os diferentes estilos dos caldos temperados.

Ensopado de bacalhau O bacalhau é posto de molho, de véspera, com água e farinha de mandioca, para retirar o excesso de sal. No dia seguinte, com o bacalhau, faz-se o ensopado com chuchu, mamão verde, azeitonas e batata-do-reino (batata-inglesa). Tempera-se com leite de coco grosso, coentro, cebola, alho, tomate, pimentão e azeite doce (azeite de oliva). Come-se com arroz de viúva ou com feijão de leite.

Pode-se substituir o bacalhau por garoupa, perna-de--moça ou outro tipo de peixe.

Ensopado de camarão e sarnambi Após aferventar e catar, ou escolher, o camarão e o sarnambi (lambreta), cozinha-se em leite de coco e azeite doce (azeite de oliva), com coentro, cebola, alho, tomate, pimentão e salsa. Tudo bem raladinho. Come-se com arroz branco.

Ensopado de galinha Esse ensopado tem como particularidade o uso do manjericão graúdo, adicionado no final do cozimento para aromatizar. Os demais procedimentos culinários são os mesmos dos outros ensopados, e seu acompanhamento é o arroz branco, ou mesmo uma boa farofa de farinha de mandioca.

Ensopado de jiló Corta-se a carne gorda, de preferência carne do sertão, tempera-se e segue para o fogo juntamente com o jiló e o azeite doce (azeite de oliva). Cozinham-se os jilós com o talo, para não arrebentar. Come-se com a farofa feita do próprio caldo e, certamente, complementados com pimenta fresca.

O escaldado é um tipo de ensopado, com a diferença de que, no primeiro, o peixe, camarão, siri ou outra carne são rapidamente cozidos e acompanhados de verduras e pirão, feito geralmente do próprio caldo do escaldado. Na Bahia, é tradicional o escaldado de peru, feito com as sobras do peru natalino, além do escaldado de bacalhau.

ESCALDADO DE BACALHAU

Para fazer esse prato, são necessários os seguinte ingredientes: 1 kg de bacalhau; 4 cebolas médias; 5 tomates maduros; 4 ou 5 batatas (conforme o tamanho); 8 folhas de couve (grandes, inteiras e frescas); 5 chuchus; 6 ovos; 5 dentes de alho; 300 g de maxixes; 200 g de jilós; 200 g de quiabos; coentro; salsa; limão; vinagre de vinho branco; azeite de cheiro (azeite de dendê); azeite doce (azeite de oliva); sal. Lava-se o bacalhau, para retirar o excesso de sal. Faz-se isso de véspera, trocando a água algumas vezes. No dia seguinte, tiram-se as peles e as espinhas. Para facilitar o trabalho, dá-se uma aferventada, e a água é guardada para o escaldado.

Preparam-se os legumes, lavando e cortando-os em pedaços. Em uma panela, põe-se para refogar azeite doce, cebola, tomate e alho. Acrescenta-se o bacalhau, depois a água do aferventado e os legumes. Complementa-se com 2 ½ limão e 2 colheres de vinagre de vinho. Adicionam-se o coentro e a salsa picados e o azeite doce. O cozimento é em fogo brando, e o caldo deve ser abundante, para que se possa fazer o pirão.

À parte, os ovos duros (ovos cozidos inteiros) são preparados para guarnecer o prato. O escaldado de bacalhau é acompanhado de pirão feito com o caldo do escaldado e de molho de pimenta fresca. Os maxixes, os jilós e os quiabos que se integram ao prato dão a identidade e ampliam os sabores do escaldado de bacalhau baiano.

FEIJÃO DE LEITE

Para esse prato, são necessários os seguintes ingredientes: ½ kg de feijão-preto ou feijão-mulato; 250 g de açúcar fino (açúcar refinado); leite de 2 cocos; sal a gosto.

Coloca-se, de véspera, o feijão no molho. No dia seguinte, é cozido apenas na água. Depois de cozido, deve ser bem amassado e passado na urupema (peneira), para tirar a pele ou casca. A essa pasta de feijão acrescentam-se açúcar e sal. Mexe-se bem e adiciona-se o leite de coco. Volta ao fogo para "tomar ponto", como diz a tradição. Pouco antes de concluir o cozimento, põe-se mais leite de coco.

O feijão de leite é um prato que em geral acompanha peixes, especialmente o bacalhau. Bacalhau ensopado com chuchu e leite de coco, feijão de leite e farinha, com molho de pimenta, é uma boa maneira baiana de se comer o bacalhau.

FEIJÃO DE AZEITE

Para esse prato, são necessários os seguintes ingredientes: ½ kg de feijão-fradinho; 200 g de camarões secos; 2 cebolas; azeite de cheiro (azeite de dendê) a gosto; 1 ramo de coentro; sal a gosto.

Põe-se o feijão para cozinhar em água e sal. Após o cozimento, escorre-se a água com uma urupema (peneira). Refoga-se no azeite de dendê a cebola com os camarões secos. Na panela do feijão escorrido, acrescentam-se a cebola e os camarões refogados, e o coentro picado.

O feijão de azeite em geral acompanha os pratos de peixe e o xinxim. O indicado é salpicar uma boa farinha de mandioca sobre o feijão de azeite e ainda a pimenta-malagueta em molho de azeite doce (azeite de oliva) e vinagre. O feijão deve ficar seco, sem o caldo.

ARROZ DE HAUÇÁ

O arroz é um acompanhamento para vários pratos tradicionais da mesa baiana, como o vatapá e a moqueca. Além do arroz branco, que é cozido na água, há o chamado "arroz de viúva", cozido no leite de coco. Porém, o mais tradicional é o arroz de hauçá, que recebe diferentes estilos de receitas e processos culinários.

É preciso notar que, no arroz de hauçá, originalmente o arroz é feito somente com água e sal, e no ponto glutinoso, bem ligado. Sobre o arroz branco, acrescenta-se molho de pimenta frita no azeite de dendê, como o molho do acarajé. O prato é também enriquecido com o charque frito e alguns também incluem rodelas de banana-da-terra fritas no azeite de dendê.

UM ESTILO DE ARROZ DE HAUÇÁ

Para fazer esse prato, são necessários os seguintes ingredientes: 2 xícaras de arroz; 500 g de charque com alguma gordura; 150 g de cebola; 100 g de camarões secos; azeite de cheiro (azeite de dendê); pimenta-malagueta seca a gosto; sal a gosto.

Coloca-se o charque de molho em água fria por algumas horas; depois, aferventa-se, para tirar o excesso de sal. Cozinhe o arroz em água e pouco sal. Durante o cozimento, amasse um pouco os grãos com um amassador de madeira. Depois de cozido, o arroz deve ficar bem ligado. Frite o charque em fogo lento, na própria gordura, e adicione cebola. O charque deve ficar bem frito.

Para o molho, misturam-se os camarões secos com a pimenta seca. Aquece-se um pouco de azeite de dendê, colocam-se por cima os camarões e a pimenta, e deixa-se cozinhar até ficar um caldo grosso. Junta-se a esse molho o charque frito.

O arroz deve ser colocado num prato redondo e grande. Faz-se uma cavidade no centro, onde se põe o molho de charque. A maneira de servir é semelhante à do cuscuz tradicional do Magrebe. Deve-se comer de mão.

BOBÓ

Bobó, na Bahia, é tão tradicional quanto o vatapá, o caruru, o acarajé.

Há bobó feito de vários ingredientes: bobó de inhame, de aipim, de fruta-pão, de feijão, entre outros. O bobó clássico é o de camarão, feito à base de inhame.

Em Angola, o bombô, ou bombô, é uma massa de mandioca fermentada e depois assada. Acompanha o peixe. "Bombó" vem do quimbundo (língua banta) *mbombo*, que deriva de *kuombeka*, que quer dizer "colocar de molho".

BOBÓ DE CAMARÃO

Para fazer esse bobó, são necessários os seguintes ingredientes: 1 kg de inhame; 250 g de camarões secos; 3 cebolas; azeite de cheiro (azeite de dendê); pimenta-malagueta seca a gosto; sal a gosto.

Descasca-se o inhame para cozinhá-lo em água e sal. Quando estiver cozido, escorre-se numa peneira. Retira-se a casca dos camarões para refogá-los com a cebola no azeite de dendê. Amassa-se o inhame cozido até se transformar numa massa e junta-se ao refogado, mexendo bem. Adicionam-se sal e pimenta. Pode-se ainda complementar o bobó de camarão com pedaços de peixe, de galinha, camarões frescos, guisados ou assados.

QUIABADA

A quiabada é um ensopado de quiabo, que é um legume africano. A quiabada tradicional é a que se come com angu de farinha de mandioca, mas também é servida com arroz branco ou com farinha de mandioca.

Usa-se carne verde, como no ensopado de carne, ou lombo cortado em pedaços. Porém, pode-se fazer quiabada com charque, acrescentando-se chouriço ou paio e carne de porco, ou ainda camarões defumados, e nesse caso se recomenda o uso do dendê.

Para fazer essa quiabada, são necessários os seguintes ingredientes: 800 g de quiabos bem verdinhos; 400 g de carne verde (para ensopado); 150 g de chouriço ou paio; 150 g de camarões secos, 2 cebolas médias; 2 dentes de alho; manateiga; sal; pimenta-do-reino; cominho; louro; coentro; salsa; hortelã.

Os quiabos são lavados, muito bem enxugados e depois cortados em rodelas. A seguir, são colocados em uma vasilha e por cima deles espreme-se um limão. A carne é cortada em pedaços não muito miúdos e o toucinho, em pedaços menores. Leva-se o toucinho picado ao fogo numa panela até derreter. Refoga-se a cebola com o alho no toucinho derretido. Quando estiverem dourando, acrescentam-se a manteiga, o chouriço ou o paio, e depois a carne, os quiabos e ainda um importante complemento que é o camarão seco. Refoga-se sem deixar secar, acrescentando-se o coentro, a salsa e a hortelã. Quando estiver pronta, a quiabada deve ficar com caldo grosso.

EFÓ

O efó é um prato comumente feito com folhas de língua-de-vaca ou de taioba. Contudo, são usadas também folhas de outras plantas, como: quioiô, capeba, bredo-de-santo-antônio, mastruço, sabugueiro, erva-de-santa-maria, além da mostarda, com a qual se faz o efó conhecido como "lelê".

EFÓ DE ESPINAFRE

Para fazer esse efó, são necessários: 30 molhos de espinafre; 400 g de camarões secos; 500 g de camarões frescos; 500 g de peixe em postas; 3 cebolas; azeite de cheiro (azeite de dendê); ramos de coentro; ramos de salsa; sal; limão.

As folhas do espinafre são preparadas, retirando-se os talos, seguem para cozinhar em pouca água. Em seguida, numa tábua de cozinha, as folhas são picadas com o gume de uma faca até virar massa. Espreme-se a massa ou deixa-se escorrer a água numa urupema (peneira).

Levam-se ao fogo, para cozinhar em água e sal, os camarões frescos inteiros, uma cebola, o coentro e a salsa. Cozinha-se em fogo brando e em panela tampada.

As postas de peixe são lavadas com limão e, em seguida, colocadas em uma frigideira, para serem fritas no azeite de dendê quente.

Na panela onde será cozido o efó, refogam-se duas cebolas em pedaços no dendê. Quando a cebola estiver refogada, junta-se o camarão seco e refogue mais. Depois se acrescenta o espinafre cozido, mais os camarões frescos cozidos e o peixe.

O efó de espinafre é acompanhado de arroz branco e farinha de mandioca.

MOLHOS DE PIMENTA

São muitos os molhos de pimenta da Bahia, cada um deles adequado a determinado prato. A sempre querida e predileta pimenta-malagueta se apresenta na maioria dos molhos baianos, fáceis de fazer e de comer, e é afetivamente chamada de "pimentinha". Há, ainda, a pimenta-de-cheiro, que é menos picante e oferece um aroma característico; e outras, que recebem nomes populares, como dedo-de-moça, pimenta-da-costa, pimenta-do-mato, cumaru.

ESTILOS DE MOLHO DE PIMENTA

Molho de pimenta e limão São necessárias 10 pimentas-malaguetas verdes; 1 ramo de salsa; 1 ramo de coentro; 2 rodelas finas de cebola; sumo de limão; sal a gosto. Os temperos são triturados e em seguida misturados com as rodelas de cebola e o sumo de limão.

Molho de azeite e vinagre Para esse molho, são necessárias 10 pimentas-malaguetas verdes; 1 ramo de coentro (folhas e talos bem verdes); 1 ramo de salsa nas mesmas condições; 2 rodelas finas de cebola; 1 colher de sopa de azeite doce (azeite de oliva); 2 colheres de sopa de vinagre; sal a gosto. Depois de picar os temperos, são acrescentadas as rodelas de cebola; então, tudo é misturado no azeite doce e no vinagre.

Molho de cozido São necessárias 10 pimentas-malaguetas verdes; 3 pimentas-de-cheiro; 1 ramo de coentro; 1 ramo de salsa; 6 camarões secos descascados; 1 quiabo cozido; 1 jiló cozido; 2 rodelas de cebola; caldo do cozido; sal a gosto. Os temperos, o quiabo e o jiló são cortados miudinho; em seguida acrescenta-se o caldo do cozido.

Molho de feijoada Faz-se um molho com 10 pimentas-malaguetas, 3 pimentas-de-cheiro e sumo de limão. Junta-se a esse molho uma quantidade de caldo da feijoada. Acrescentam-se rodelas de cebola na hora de comer.

COMIDAS DE CACTOS

São muitas as opções de cardápios da Bahia que incluem vários tipos de cacto como ingredientes. São receitas tradicionais, que mostram a amplitude das cozinhas, nas suas invenções e na busca de um equilíbrio com o meio ambiente.

Nas áreas mais secas da Bahia, como o Sertão e o Agreste, os cactos são valorizados porque, graças a sua considerável reserva de água, servem de alimento para os diferentes animais da região, especialmente nos tempos de estio.

Muito popular é a palma – *Opuntia ficus-indica* –, bem como o mandacaru – *Cereus jamacaru* –, o xiquexique – *Pilosocereus gounellei* – e a cabeça-de-frade – *Melocactus zehntneri* –, todos eles utilizados como ingredientes nas receitas integradas ao imaginário do semiárido baiano.

Os caules são cozidos e utilizados em saladas, ou ainda em assados, e os frutos podem ser consumidos na forma de doces ou sucos *in natura*.

Os cactos são interpretados por novas leituras culinárias que também buscam novos usos e, assim, novas receitas.

São tendências de receitas naturais, de comidas que possam representar a diversidade, recuperar processos culinários e memórias locais, nessa cozinha tão plural e diversa que é a cozinha baiana. Exemplo de interpretação no uso culinário dos cactos é o caruru de palma.

CARURU DE PALMA

Para fazer esse caruru, são necessários os seguintes ingredientes: 500 g de palma; 50 mℓ de azeite de dendê; 100 mℓ de leite de coco; 100 g de camarões secos; 100 g de farinha de mandioca; 2 cebolas; 1 limão; hortelã; coentro; sal a gosto.

A polpa da palma em pedaços é fervida, para retirar a viscosidade. Outra fervura deverá ocorrer com água e limão. Escorre-se a palma. Então, segue-se o mesmo roteiro da receita do caruru de quiabo (ver p. 120). Deve ser acompanhado de arroz branco e farofa de dendê.

Referências bibliográficas

BASCON, William. *Ifa Divination: Communication Between Gods and Men in West Africa*. Londres: Indiana University Press, 1969.

BASTIDE, Roger. *As religiões africanas no Brasil: contribuição para uma sociologia das interpenetrações de civilizações*. São Paulo: Companhia Editora Nacional/INL, 1978.

BEIR, Ulli. *Yoruba Myths*. Cambridge: Cambridge University Press, 1980.

BETTIOL, Leopoldo. *Do batuque e das origens da umbanda*. Rio de Janeiro: Gráfica e Editora Aurora, 1963.

BRANDÃO, Darwin. *A cozinha baiana*. Rio de Janeiro: Tecnoprint, s/d.

CARNEIRO, Edison. *Ladinos e crioulos: estudo sobre o negro no Brasil*. Rio de Janeiro: Civilização Brasileira, 1964.

CASCUDO, Luís da Câmara. *História da alimentação no Brasil*. Belo Horizonte/São Paulo: Itatiaia/Edusp, 1983.

CORRÊA, Pio M. *Dicionário das plantas úteis no Brasil e das exóticas cultivadas*. Rio de Janeiro: Imprensa Nacional, 1926.

DEBRET, Jean-Baptiste. *Viagem pitoresca e histórica ao Brasil*. São Paulo: Martins/Edusp, 1972.

FERRÃO, José E. Mendes. *A história das plantas e os descobrimentos dos portugueses*. Lisboa: Instituto de Investigação Científica Tropical, 1993.

FREYRE, Gilberto. *Açúcar: em torno da etnografia, da história e da sociologia do doce no Nordeste canavieiro do Brasil*. Rio de Janeiro: Instituto do Açúcar e do Álcool, 1969.

LODY, Raul. *O dendê e a comida de santo*. Coleção Folclore, vol. 43. Recife: Instituto Joaquim Nabuco de Pesquisas Sociais, Centro de Estudos Folclóricos, 1977.

______. *Samba de caboclo*. Rio de Janeiro: CDFB, 1977.

______. *Santo também come*. Recife: Instituto Joaquim Nabuco de Pesquisas Sociais, 1979.

______. *Artesanato religioso afro-brasileiro*. Rio de Janeiro: Ibam, 1980.

______. *Espaço, orixá, sociedade: um ensaio de antropologia visual*. Rio de Janeiro: Ed. do Autor, 1984.

______. *Tem dendê, tem axé: etnografia do dendezeiro*. Rio de Janeiro: Pallas, 1993.

______. "Cozinha plural". Em *A culinária baiana no Restaurante do Senac Pelourinho*. Ed. port./ingl./fr. Rio de Janeiro: Salamandra/Senac Nacional, 1996.

______. "O rei come quiabo e a rainha come fogo". Em MOURA, Carlos E. M. de (org.). *Leopardo dos olhos de fogo*. São Paulo: Ateliê, 1998.

______. "Cozinha brasileira: uma aventura de 500 anos". Em *FORMAÇÃO da culinária brasileira*. Rio de Janeiro: Sistema CNC/Sesc/Senac, 2000.

______. "Presencia de África en la gastronomía de Bahia". Em *CUADERNOS Patrimonio Cultural y Turismo*. Memorias del Congreso sobre Patrimonio Gastronómico y Turismo Cultural en América Latina y el Caribe. Cidade do México, Conaculta, caderno 1, tomo II, 2002.

______. *A roupa de baiana*. Salvador: Memorial das Baianas de Acarajé, 2003.

______. *Axé do acarajé*. Argumento, pesquisa e roteiro. Documentário (52 min). Direção de Polla Ribeiro. Salvador, Fundação Palmares/CNCP/Iphan, 2006.

______. "Bahia boa de comer: do carimã ao dendê". Em LODY, Raul (org.). *À mesa com Carybé*. Rio de Janeiro: Senac Nacional, 2007.

______. *Museu da Gastronomia Baiana*. Catálogo. Ed. port./ingl./esp. Salvador: Senac Bahia, 2007.

______. "Acarajé: comida y patrimonio del pueblo brasileño". Em ÁLVAREZ, Marcelo & MEDINA. F. Xavier (orgs.). *Identidades en el plato: el patrimonio cultural alimentario entre Europa y América*. Coleção Observatorio de la Alimentación, vol. 2. Barcelona: Icaria, 2008.

______. *Brasil bom de boca: temas da antropologia da alimentação*. São Paulo: Editora Senac São Paulo, 2008.

______. "Dendê: bom de comer, de ver e de significar a matriz africana no Brasil". Em LODY, Raul (org.). *Dendê: símbolo e sabor da Bahia*. São Paulo: Editora Senac São Paulo, 2009.

______. "Afurá: a bebida branca". Em *Malagueta: palavras boas de se comer*, 2011. Seção Como Logo Existo. Disponível em http://www.malaguetanews.com.br/colunistas/afura-a-bebida-branca. Acesso em 1-3-2013.

______. *Caminhos do açúcar: ecologia, gastronomia, moda, religiosidade e roteiros turísticos a partir de Gilberto Freyre*. Rio de Janeiro: Topbooks, 2011.

______. *Coco: comida, cultura e patrimônio*. São Paulo: Editora Senac São Paulo, 2011.

______. "Mingau de santo Antônio". Em *Malagueta: palavras boas de se comer*, 2011. Seção Como Logo Existo. Disponível em http://www.malaguetanews. com.br/colunistas/mingau-de-santo-antonio. Acesso em 1º-3-2013.

______. *Vocabulário do açúcar: histórias, cultura e gastronomia da cana sacarina no Brasil*. São Paulo: Editora Senac São Paulo, 2011.

MAIA, António da Silva. *Dicionário complementar português-Kimbundu-Kikongo*. Luanda: Tip. das Missões Cucujães, 1961.

NETTO, Joaquim da Costa Pinto. *Cadernos de comidas baianas*. Rio de Janeiro/ Salvador: Tempo Brasileiro/Fundação Cultural da Bahia, 1986.

O RIO VERMELHO E SUAS TRADIÇÕES: memórias de Lúcio Lopes. Salvador: Fundação do Estado da Bahia, 1984.

PEIXOTO, Afrânio. *Breviário da Bahia*. Rio de Janeiro: Conselho Federal de Cultura, 1980.

QUERINO, Manuel. *Costumes africanos no Brasil*. Organização de Raul Lody. 2ª ed. ampl. e coment. Recife: Fundação Joaquim Nabuco/Massangana, 1988. [Ed. orig.: 1938].

______. *A arte culinária na Bahia*. Organização de Raul Lody. 3ª ed. São Paulo: WMF/Martins Fontes, 2011 (ed. orig.: 1928).

RAMOS, Arthur. *As culturas negras no Novo Mundo*. Rio de Janeiro/Guanabara: Casa do Estudante do Brasil, s/d.

REGO, Antonio José de Souza. *Dicionário do doceiro brasileiro*. Edição, introdução "Doce comida", análise de receitas e glossário de Raul Lody. São Paulo: Editora Senac São Paulo, 2010 (ed. orig.: 1892).

SANTOS, Juana Elbein dos. *Os nagôs e a morte*. Petrópolis: Vozes, 1976.

SANTOS, Eugenia Anna dos. "Nota sobre comestíveis africanos". Em CARNEIRO, Edison *et al. O negro no Brasil: trabalhos apresentados no II Congresso Afro-Brasileiro (Bahia)*. Rio de Janeiro: Civilização Brasileira, 1940.

VERGER, Pierre Fatumbi. *Orixás*. Salvador: Corrupio, 1981.

VIANNA, Hildegardes. *A cozinha baiana*. São Paulo: Martins Fontes, 1976.

______. *A Bahia já foi assim*. Salvador: FG, 2000.

Abará.

Prato com o "cardápio do caruru": abará, vatapá, xinxim de galinha;
farofa de dendê, feijão de azeite, arroz; caruru, acarajé.

Altar do caruru de Cosme.

Acaçá branco.

Cacho de frutos do dendezeiro.

Feijoada.

Azeite de dendê.

Doce de banana de "rodinha".

Cocada preta ou escura.

Manjar de coco.

Acarajés fritos.

Fritura do acarajé.

Ingredientes, destacando: (acima) coco, camarão seco e defumado; pimentas, milho, amendoim, feijão-fradinho; página ao lado: cheiro-verde, inhame, dendê, quiabo, gengibre.

Pratos tradicionais da mesa baiana: farofa de dendê, abará, vatapá, moquecas, arroz de coco, acarajé.

Bolas de maniva (folhas da mandioca) cozidas, usadas para a feitura da maniçoba.

Quiabada.

Farinha de mandioca do Recôncavo.

Pimentas frescas.

Mercado da farinha de Maragojipe na Bahia.

Raul Lody, antropólogo, museólogo, é curador da Fundação Pierre Verger e do Instituto Carybé, de Salvador, e do Museu da Gastronomia Baiana. Representou o Brasil no International Council Anthropology Food – ICAF (2003-2013). É coautor do livro *Culinária caprina*, premiado pelo Gourmand World Cookbook na categoria "Single Subject", como o melhor do mundo (2007). É autor de muitos trabalhos sobre tecnologias tradicionais e sobre comida, nesses seus mais de 40 anos de profissão. Implantou a "Casa da rendeira de Saubara" (Bahia), a "Casa da cultura de Irará" (Bahia) e a "Casa do Alaká" (Bahia). Coordenou o projeto do Registro Patrimonial Imaterial do Ofício das Baianas de Acarajé (IPHAN). Organizou a publicação do acervo do "Memorial Menininha do Gantois" (Bahia). Já publicou mais de 60 livros, além de centenas de artigos e roteiros para cinema e vídeo.